面向 *21* 世纪课程教材

信息管理与信息系统专业教材系列

汪雪莲　姜颖 ◎ 编著

社科信息检索实用教程

Social Science Information Retrival

第 2 版

清华大学出版社

北京

图书在版编目（CIP）数据

社科信息检索实用教程 / 汪雪莲，姜颖编著.—2 版.—北京：清华大学出版社，2020.5
面向 21 世纪课程教材.信息管理与信息系统专业教材系列
ISBN 978-7-302-54690-0

Ⅰ.①社…　Ⅱ.①汪…　②姜…　Ⅲ.①社会科学－情报检索－高等学校－教材　Ⅳ.①G252.7

中国版本图书馆 CIP 数据核字（2020）第 006338 号

责任编辑：周　菁
封面设计：常雪影
责任校对：王凤芝
责任印制：沈　露

出版发行：清华大学出版社
　　　　网　　　址：http://www.tup.com.cn，http://www.wqbook.com
　　　　地　　　址：北京清华大学学研大厦 A 座　　　　邮　　编：100084
　　　　社　总　机：010-62770175　　　　　　　　　　邮　　购：010-62786544
　　　　投稿与读者服务：010-62776969，c-service@tup.tsinghua.edu.cn
　　　　质量反馈：010-62772015，zhiliang@tup.tsinghua.edu.cn
印　装　者：北京鑫海金澳胶印有限公司
经　　　销：全国新华书店
开　　　本：185mm×230mm　印　张：16.75　插　页：1　字　　数：293 千字
版　　　次：2013 年 8 月第 1 版　2020 年 5 月第 2 版　印　　次：2020 年 5 月第 1 次印刷
定　　　价：48.00 元

产品编号：085198-01

前 言 FOREWORD

维基百科（Wikipedia）上有一个概念"Unknown Unknown"，大意是如果你不知道一个东西，你也不会知道自己不知道。在现实生活和学习中，当你探究一个新概念、一条新信息或一个新问题时，最大的困难并不是问题本身，而在于你Unknown Unknown。当你搜遍互联网，检索了大量书刊、论文和数据库等信息资源，最终的收获却并不仅限于解决了这个问题，还会得到很多意想不到的收益和启发。比如，最直接的收益是，在信息检索方面，你还知道了以后遇到类似的问题该到哪儿最快、最有效地找到参考，知道了哪些网站是寻找这个领域最有价值信息的地方，哪些书是该领域内最经典的书，哪些期刊是研究这个专业的最核心期刊，等等。此外，更有价值的收获也许你暂时并没有意识到：一次看似平常的信息检索之旅，在你未来的生活和学习中会突然不经意地点燃你的智慧之灯。

作者在高校图书馆多年从事信息咨询工作，并一直负责本科生信息检索课教学。通过信息检索咨询和教学工作，作者帮助用户解决了大量信息检索的问题，收获了职业的成就感。同时在解决问题的过程中，作者学到了很多新思维和新方法，既有助于更好地完成工作和教学，也拓展了作者自身的学术视野，成为一个永远保持好奇心的终身学习者。

作者以为，网络和信息技术的发展日新月异，各学科知识的专深度和交融性同步发展，作为一名信息管理和教学人员，不可能也没必要对各个学科专业知识深入了解。信息检索课是信息素养教育的重要组成部分，也是其中实践性最强的成分，在总结各类信息检索经验和实际运用技能时，应抽象出适用性更广的知识，而非一个萝卜一个坑地举例教学。特别是社会科学信息检索和利用，通常要解决的是综合性跨学科的问题，远不是一两种检索方法或一两个检索系统能涵盖的。在课堂和教材中，作者力图以普遍性的检索实例为主线，穿插必要的概念解释，并结合典型的检索系统和管理软件的运用，引导学生进行面向问题的信息检索实践，掌握其基本原理和思维方法，培养个人知识管理的习惯和技能，并在自己的专业领域中触类旁通地运用，成为一个"会学习的人"。

哈佛经济学教授曼昆用简单化原则编写《经济学原理》，使得原本枯燥的经济学能被大学生轻松地阅读，成为全美三百多所大学的基础教材。对于信息检索这类实践性较强的通识教育课程，实用性和通俗性更是广大信息检索教学工作者追求的目标。作者希望能与同行们共同探寻一种更轻松的教学方式，让来自不同专业背景、不同年龄阅历的人们都乐于学习信息检索的实用技能，体验自如驾驭信息而不为信息所累的快乐。

在本书编著过程中，作者听了一场主题为"利用思维导图学习"的讲座，对全脑记忆和思维导图在教学中的应用产生了浓厚的兴趣。兴趣是研究的真正动力，对于初涉某个专业领域的大学生尤其如此。思维导图是一种非常有效的学习和思维的工具，在世界各国的各个领域——社会、心理、政治、经济、管理、教育等方面都有非常广泛的运用。作者在研究这个问题的过程中，进行了大量的文献信息检索工作，收获颇丰，并尝试运用于信息检索课程教学和教材编著方面。在本书中，作者以"思维导图及其应用"这一问题为检索实例，介绍了各类相关信息检索的思路、策略、方法、工具以及检索结果的分析评价、整理利用等知识。作者试图将检索基础理论、方法和技术的介绍嵌入到相应的检索步骤中讲述。虽然单个案例检索不能涵盖社会科学各领域，但其检索原理和思路却可融会贯通，检索方法和工具也是普遍适用的。此外，在书中，作者运用较多的检索实例截图或图表来补充说明，避免大篇幅的理论阐述。对于检索实例中没有提及或利用的信息源或检索工具，单独列于相关章节或全书末尾，不在正文中一一罗列和介绍。

本书主要适合于检索人文与社会科学信息的人员阅读。它是财经类院校的文献检索课程配套教材，对于信息组织、知识管理和咨询领域的从业人员和研究者也有一定的参考价值。

由于作者水平有限，疏漏不妥之处恳请读者批评指正。在编写过程中，作者参阅了大量的文献和网络资源，借此机会向书中提及与未提及的参考文献作者表示诚挚的谢意！

目录 CONTENTS

第1章

信息与信息素质

第一节　信息与信息检索

大多数普通的信息搜索者开始进行"思维导图及其应用"这个问题的检索时,首先想到的并不是图书馆,而是百度和谷歌。在一本信息检索教材中有这样一句话:"现代人在进行信息查找和利用时都有贪图便利的通病,但凡查找一条信息,第一时间就是上网直奔搜索引擎,好像除了百度和谷歌,就没有别的更好的检索工具了。"应该说,普通人面对一个不太熟悉的领域或者新潮词汇,第一时间选择上网搜索是没错的,确实没有比百度和谷歌更便捷的了。

用百度,输入"思维导图",找到相关结果约 3 000 多万条。首页的截图如图 1-1 所示。

图 1-1　百度搜索"思维导图"的结果

3 000 多万条记录,如此的海量信息,逐一打开浏览是不可能的。仅从搜索结果的首页中得到的信息已经非常丰富,有图书、软件、培训、百科条目、图片、文档,还有博客、新浪教育等平台上的相关资讯报道和评论。

面对如此繁杂的信息怎样选择和利用？如何从信息海洋中甄别和评价真正有价值的信息为我们所用，是现代人在信息社会中生存的一个基本技能。用最合适的方法和工具找到最合适的信息，说起来很简单，实践起来并不容易，这对用户的信息素养和能力是个考验。

如图 1-2 所示，我们对百度搜索"思维导图"的结果进行简略分析。

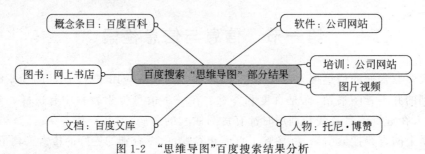

图 1-2 "思维导图"百度搜索结果分析

1. 图书

搜到了当当网、卓越网这类网上书店提供的书讯。图书是比较全面系统地了解某类知识的理想信息源。但是从网上书店我们一般看到的只是书的简介，只有付费购买才能得到全文。单凭这些简介我们就订购吗？同类的书很多，哪一本值得一读？去图书馆借？图书馆未必有你选中的那一本。有没有其他渠道可以了解图书更详细的信息呢？最好是能读到书的更多章节，甚至下载电子全文。

2. 软件

搜到了一些绘制思维导图的软件，国内外很多公司开发了此类软件。这些软件哪些有中文版，哪些只有英文版，哪些可以免费下载、合法使用呢？

3. 概念条目

搜到了百度百科中关于思维导图的解释，包括起源、含义、代表人物和应用领域。发现思维导图有很多别名，"脑图""概念地图""心智图等"。哪一个概念最准确？这些条目解释权威可靠吗？维基百科和百度百科这类未经专业编辑和审核的网络百科全书可以信赖吗？最著名的、权威的百科全书是什么？

4. 人物

查到关于思维导图创始人托尼·博赞的媒体报道和他的著作评论等，信息很多很杂，连他的名字都有好几种译法，莫衷一是，无法得到全面的了解。关于人物应该查询哪一类参考工具更有效呢？他的英文原版著作非常多，但只有很少几种译成中文出版,怎样了解他的这些原著呢?

如果不假思索和分析,在网络上的搜索行为是低效和盲目的,其结果可能是从一个链接跳到另一个链接,最后在无数的网页里迷失了航向,有可能连自己最初要找什么都忘了。在这个信息爆炸的时代,我们在网络上一小时搜到的信息比我们过去在图书馆几年找到的都多,但是其中有多少是真正有价值的可靠信息? 搜索的结果是让你更明白了,还是更糊涂了?

在真正实施信息检索之前,首先要学习有关信息和信息检索的基本知识。这就像人们开车上路前要先学交规、考驾照、熟悉路况和辨别方向一样。当我们准备在信息海洋中冲浪时,我们应该先了解海的特性,熟悉冲浪的工具,再练习冲浪技巧。

一、信息

信息的定义有很多种,诸如:

(1)信息是关于环境事实的可通信的知识。它是通过各种形式,包括数据(字母、符号和数字)、代码、图形、报表、指令等反映出来的。

(2)信息是一切容易获得的和不易获得的、有时可供人们参考的事实和思想的总和。

(3)信息是事物、物质、事件等某种属性的反映,是客观事物某些特性的表象和线索。

初识"思维导图"这个概念,可能许多人会把它与"快速阅读""超强记忆"和"全脑记忆"联系起来,检索就要从这几个关键信息出发。偶尔得到一些信息时,一般不会有意识地去提炼和概括其中的关键词,只是对问题有个模糊的概念。但是,如果需要深入地探索这个问题,应该学会正确地提炼关键词、概括信息,以确保自己的信息检索之旅没有偏航,避免无功而返。

二、知识

知识的定义也很多,例如:

(1)知识是同类信息的深化、积累,是优化了的信息的总汇和结晶。

(2)知识是人们对客观事物存在和运动规律的认识,是建立在信息基础之上,经过加工与编码后创造出来的新的信息。

(3)知识是人类认识的成果或结晶,包括经验知识和理论知识。(《辞海》)

总之,知识包含在信息之中,收集、分析、利用信息通常导致知识创新。可以这样通俗地理解为:信息是原料,经过提炼加工后,能成为有用的知识。将信息转化为知识,再将知识转化为智慧,是一种动态创新的过程。

关于思维导图的现场讲座是知识,在百度上搜索的关于"思维导图"的图书、电子文档、软件也是知识。阅读和利用这些前人总结的知识，也许会激发自己的思维灵感，促成写作和创新，从而转化为新的知识成果。

三、文献

关于文献的定义主要有以下两种：

（1）文献是在存储、检索、利用或传递记录信息的过程中，可作为一个单元处理的，在载体内、载体上或依附载体而存储信息或数据的载体。（国际标准化组织《文献情报术语国际标准》）

（2）文献是记录有知识的一切载体。（《中华人民共和国国家标准·文献著录总则》）

以上两种定义中都特别强调一个词——"载体"。前文中提到的纸书、电子论文、网络视频讲座、软件等都是文献，有的印刷在纸上，有的是二进制数码软件，有的是MP3格式的讲座录音，还有网络版的新闻报道等，载体不同，但内容都是关于思维导图方面的知识。

文献的范围非常广泛。以龟甲、兽骨为载体介质的古代甲骨文记录是文献；刻有铭文的青铜器是文献；有文字和图形的碑刻是文献；竹简和帛书是文献；现今的缩微胶片胶卷、视频声像资料、电子图书、网络数据库等都是文献。

文献既是记录和保存信息和知识的载体，也是人类重要的信息交流方式之一——间接的正式的交流。没有文献就没有现代人类文明。

四、信息检索

在传统文献主导的年代，文献的存储和管理是专业性很强的工作，到图书馆查资料也仿佛一件很神圣的事务。那时的信息检索（information retrieval）是狭义的概念，是指知识信息的有序化识别和查找的过程。如今由于信息技术和网络的便利，检索本身并不是最关键、最困难的环节，检索结果的分析、评价和综合利用才是信息检索的重要组成。广义的信息检索还包含信息的汇集、存储、组织和管理。当文献积累到一定规模时，产生了图书馆；当个人检索和存储的信息挤占了大量的电脑空间时，我们需要自己的文献管理工具，建立自己的个人图书馆。网络让我们享受了信息搜索的便捷，也充斥大量的垃圾信息。这就要求人们不仅要学会筛选有价值的可靠信息，还要合理利用信息和传播信息，否则自己也会成为信息垃圾的制造者。

例如，当搜索"思维导图"的释义和起源时，人们常常会想到维基百科或者百度百科。网络百科大多是这种自由开放性的工具，不仅可以用它检索信息，还可以自由参与信息的编辑创作。这些未经审核的百科条目解释,内容不严谨,良莠不齐。此外,网络上还充斥了大量个性化的信息平台,如博客、论坛、微博等,每一种平台都类似一个个人媒体,可以自由发布信息。如何去伪存真地选择和评价信息,如何挖掘和利用信息的潜在价值,实现知识创新,这是现代人信息素养和能力的核心,对于大学生和科研人员尤为重要。

一个普通用户检索并分析了大量关于思维导图的网络信息后,也许最实际、最直接的目的是了解有关思维导图的培训机构,哪些培训机构比较正规,是否有必要花钱参加培训,是否可以通过丰富的网络资源来自学,等等。

随着检索的深入,所阅读的文献越来越多,探索这个问题的回报也越多,成果可利用的领域也越广泛,不知不觉对于检索者的生活、学习和专业研究方方面面都会有所启发。这是信息分析和综合利用的更深刻内涵。在很多行业,特别是教育学和心理学研究领域,已经有不少人引进概念地图等理论方法,并取得了实践性成果,有些还获得了国家级科研成果奖。在科研学术领域,这正是信息检索的本质目标,也是高校学生信息素养的根本要求。

第二节 信 息 素 质

信息素质(information literacy)又称信息素养,最早是由美国信息产业协会(HA)主席保罗·车可斯基(Paul Zurkowski)在1974年提交的一份报告中提出的。

一、信息素质的含义和评价标准

1989年,美国图书馆协会(ALA)和美国教育传播与技术协会(AECT)提交了一份《关于信息素质的总结报告》,将信息素质的概念明确为:"具备信息素质的人,能够识别何时需要信息,知道如何查找、评估和有效利用需要的信息来解决实际问题或者做出决策,无论其选择的信息来自于计算机、图书馆、政府机构、电影或者其他任何可能的来源。"

针对受过高等教育的大学生,美国、澳大利亚、新西兰、英国等各个国家都提出了本国高等教育信息素质的要求和标准。

《高等教育信息素质能力标准》2004年1月已被美国大学与研究型图书馆协会正式通过,成为美国所有高校图书馆进行信息素质教学和评价的指导指标体系。该标准共5项22条,规定了大学生应具备的一系列信息能力。它的主要内容包括:

（1）能确定所需要信息的性质和范围，评价内容要点包括：①能定义和表述对信息的需求；②能确认各种不同类型和格式的潜在信息源；③能考虑获取所需要信息的成本和利益；④能重新评价所需要信息的性质和范围。

（2）能有效而又高效地获取所需要的信息，评价内容要点包括：①能选用最适当的调研方法或检索系统获取所需要的信息；②能建构和运用有效的检索策略；③能运用各种方法联机检索，或通过人员咨询的方式获取信息；④能在必要时调整和优化检索策略；⑤能够抽取、记录和管理信息及其来源。

（3）能评判性地评价信息及其来源，并能把所优选出的信息与原有的知识背景和评价系统结合起来。评价内容要点包括：①能从所收集的信息中，概括出信息内容的主题；②能结合并运用基本的标准来评价信息及其来源；③能综述信息内容的主题，并创建新的概念；④能对新旧知识进行对比，确认所增加的价值、矛盾性或其他独特的信息特点；⑤能判断新的知识对个人价值观念体系的影响，并使之逐步达到和谐和统一；⑥能够通过与他人或者某一领域的专家、实践者对话，验证对信息的理解和解读；⑦能确定原始的咨询应该如何修改。

（4）能有效地利用信息达到某一特定的目的。评价内容要点包括：①能运用新的和原有的信息，计划和创造新的作品或表现形式；②能根据作品或表现形式的需要，修改和调整对信息的处理过程；③能就作品或表现形式与他人有效地交流。

（5）懂得有关信息技术的使用所产生的经济、法律和社会问题，并能在获取和使用信息中遵守公德和法律。评价内容要点包括：①懂得与信息和信息技术有关的道德、法律和社会经济问题；②能遵守有关获取和使用信息资源的法律、规章、机构的制度和行业规范；③能在传送作品或表现形式时使用信息来源。

2005年，北京高校图书馆学会发布了《北京地区高校信息素质能力指标体系》，从七个方面将高校学生毕业时应具有的信息素质能力具体化为一个指标集合（参见附录二）。

可见，对信息素质要求不仅是诸如信息获取、检索、分析、交流等技能，而且包括独立学习的态度和方法，以及将已经获得的信息用于解决实际问题，进行创新性思维的综合能力。具有信息素质的人从根本上讲是"那些学会了如何学习的人，他们掌握了知识的组织机理，知晓如何发现信息，以及如何以便于他人学习的方式利用信息。他们是有能力终身学习的人，是有能力为所有的任务和决策提供信息支持的人"。

二、信息素质的主要构成

目前，国内学者普遍认为信息素质主要包括信息意识、信息知识、信息能力、信息道德四个方面。

（一）信息意识

它是指对各种信息的自觉心理反应，包含了对于信息敏锐的感受力、持久的注意力和对信息价值的判断力和洞察力。

（二）信息知识

它是指信息、信息源、信息工具和信息技术的基础知识，包括：信息的概念、内涵、特征，信息源的类型、特点，信息组织的理论和基本方法，信息搜集和管理的基础知识，信息分析方法和原则，信息交流的形式、类型、模式，信息技术基本常识，检索工具和检索系统的结构及功能、信息技术的作用与影响等。

（三）信息能力

它是指人们获取信息、处理信息、评价利用信息的能力，包括信息技术应用能力，信息查找与获取能力，信息组织、加工、分析能力，信息的有效利用、评估、传播的能力等。

（1）信息需求分析和表达能力。确定所需信息的学科范围、时间跨度等；能够通过各种交流方式进一步认识和明确信息需求，并能够用确切的语言表达出来。

（2）信息获取能力。掌握信息源，熟悉信息技术基础应用知识、检索工具和方法，能灵活制定和调整检索思路和策略。

（3）信息分析和处理能力。经过综合分析，分辨出核心信息和有价值的信息，以备利用。对信息进行组织、加工、分析，去伪存真，去粗取精，提炼和吸取符合自身需要的信息。

（4）信息利用能力。它是指把信息运用于实践的能力。这种能力是把信息同学习、工作相结合，善于挖掘信息同实际学习和工作的结合点，使有价值的信息在实践中运用，另外还要善于将别人看来无关紧要的信息与实际情况密切联系，运用创造性思维，创造性地利用信息。

（四）信息道德

它指人们在信息活动中应遵守的道德规范，如保护知识产权，尊重个人隐私与抵制不良信息，以及合理引用参考文献等。

图 1-3 和图 1-4 分别概括了信息基础知识和信息素质的内涵。

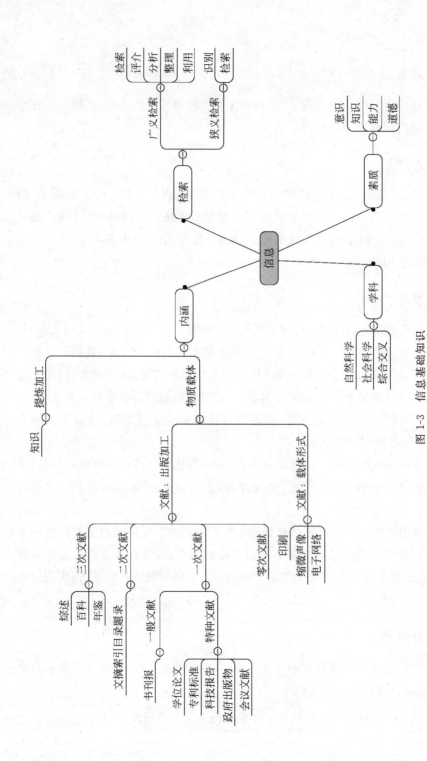

图 1-3　信息基础知识

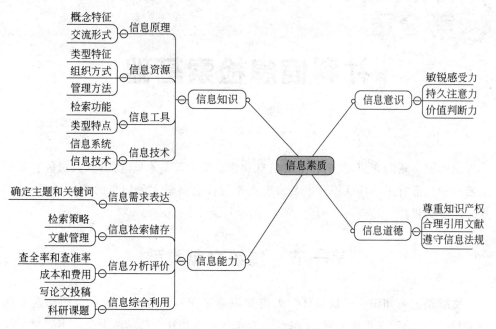

图 1-4　信息素质的构成

课后习题

一、思考题

1. 信息、知识、文献的概念及相互关系是什么？

2. 按文献的载体形式、出版形式可将文献分为哪几种类型？

3. 按文献的加工程度可将文献分为哪几种类型？它们之间的关系是什么？

4. 信息素质的内涵包含哪些内容？

CHAPTER 2
第2章

社科信息检索基础

通过第1章的介绍,我们在了解信息和信息检索等基本概念的同时,对信息素质的要求和标准有了一些认识。本章将重点学习社会科学文献信息的类型、特征及其检索基础知识。

第一节　传统文献类型

文献是记录知识的一切载体。人类知识来源于自然界和人类社会活动两大部分,因此从科学知识来源上看,文献可分为自然科学和社会科学两大类。本教材主要讲述的是社会科学的文献信息检索。

一、文献的分类体系与《中图法》

当文献积累到一定规模,需要有序地加以整理和组织以便保存和利用时,便诞生了图书馆。现代图书馆大致分为国家图书馆、公共图书馆、学校图书馆、专业图书馆四类,其基本职能和性质是一致的,即系统采集、整理、保存、传播和利用文献信息。图书馆是文献信息的聚散地。

国内对于传统文献的分类和检索基本采用《中国图书馆分类法》(简称《中图法》)。

(一)《中国图书馆分类法》的体系结构

《中图法》是一部能够提供所有学科专业文献标引和检索使用的标引语言。它结合科技发展和文献出版的实际,以学科知识分类为基础,将文献分为五大部类、22个基本大类(一级类目),下分二、三、四级类目。类目级别越多,分类越细,类目所表达的内涵越丰富。

《中图法》五大基本部类分别为:

（1）第一部类——马列主义、毛泽东思想、邓小平理论；

（2）第二部类——哲学、宗教；

（3）第三部类——社会科学；

（4）第四部类——自然科学；

（5）第五部类——综合性图书。

《中图法》体系结构如图 2-1 所示：

马克思主义、列宁主义、毛泽东思想、邓小平理论·················A马克思主义、
列宁主义、毛泽东思想、邓小平理论

哲学、宗教··············B哲学、宗教

社会科学··············C社会科学总论

D政治、法律

E军事

F经济

G文化、科学 、教育、体育

H语言、文字

I文学

J艺术

K历史、地理

自然科学··············N自然科学总论

O数理科学和化学

P天文学、地球科学

Q生物科学

R医药、卫生

S农业科学

T工业技术(包括17种工业部门技术)

U交通运输

V航空、航天

X环境科学、安全科学

综合性图书··············Z综合图书

图 2-1　《中图法》五大基本部类及其下属 22 大类

（二）《中国图书馆分类法》的功能作用

《中图法》除具有图书馆文献的排架功能外，还是分类检索、知识组织、学科信息门户的使用工具。2010 年修订后的《中图法》第五版更具有时代特征，更能满足综合性文献信息资源的标引和检索要求。

在社会科学(包括人文科学)领域，《中图法》将政治、经济、文化这三个相对重要的组成部分独立列为三个基本大类。社会科学部类的排列次序，主要根据基本大类间关系的密切程度及与其他部类的关系来确定。通过《中图法》，我们可以总览社会

科学文献的学科框架结构。

《中图法》社会科学文献的学科分类结构如图 2-2 所示：

社会科学…………………C社会科学总论
D政治、法律
E军事
F经济
G文化、科学 、教育、体育
H语言、文字
I文学
J艺术
K历史、地理

图 2-2 《中图法》社会科学文献基本大类

（三）利用《中国图书馆分类法》的图书检索实例

利用图书馆的书目检索系统查到一本思维导图创始人托尼·博赞的著作《全脑销售》，它的详细书目信息如图 2-3 所示：

【全脑销售】（英）托尼·博赞，理查德·伊斯雷尔著 中国人民大学出版社 2006
种类：中文图书 索书号：F713.3/B89.2 册数：【3】可外借数：【3】已外借数：【0】

题 名	全 脑 销 售
责任者	（英）托尼·博赞，理查德·伊斯雷尔著 Tony Buzan，Richard Israel
出版者	中国人民大学出版社
出版日期	2006
标准编码	7-300-06943-6
摘要	本书分为销售心理矩阵及销售记忆、新的财富、全脑销售和超级推销自我四大部分，主要阐述了销售的基本法则、销售技巧等内容。

图 2-3 《全脑销售》的书目详细信息

在图书馆找书，首先要确定它在图书馆的唯一标识号（类似它在这个图书馆的一个身份证），通常我们称之为索书号。《全脑销售》一书的索书号为：F713.3/B89.2，其中 F713.3 代表的是它内容所属的学科分类——经济类：F。

同学科类号的书有很多，如《一分钟销售员》等，学科分类号也是 F713.3。为了区别同学科主题的文献，需要用另一种标识号来加以区分，这就形成了索书号的第二部分,这第二部分号码是文献在特定收藏机构的特定标识,如 B89.2(《全脑销售》的索书号第二部分)。

二、社科信息检索中常见的文献类型

根据不同角度,从用途和形式来划分,文献可以有很多种类型。

(1) 根据学科体系,文献可分为五大部类、二十二基本大类。

(2) 根据文献的形成和加工深度,文献可分为零次文献、一次文献、二次文献、三次文献。

(3) 根据文献的载体介质,文献可分为印刷版、缩微版、声像版、电子版、网络版等。

(4) 根据文献的出版形态,文献可分为图书、期刊、报纸、学位论文、会议文献、专利文献、标准文献、科技报告、政府出版物等。

我国《文献类型与文献载体代码》(GB3469—83)和《文后参考文献著录规则》(GB7714—2005)对于文献的代码均采用统一的标准:普通图书——M;论文集——C;报纸——N;期刊——J;学位论文——D;专利——P;标准——S;报告——R;数据库——DB;联机网络——OL,等等。

本教材主要介绍社会科学信息检索中常用的文献类型。

(一) 图书

图书(book)也称为书籍,包括专著、论文集、工具书、教科书,还有电子书(e-Book)等,是把知识信息按一定形式加以归纳整理、装帧完备、正式出版的文献。内容上成熟、系统完整。图书中所提供的知识一般比较全面、可靠,但是出版周期长,新颖性和时效性不强,如图 2-4 所示。

图书是最容易识别的文献类型。这类文献具有责任者(著者、译者、编者、校者、审订者等)、题名(书名或丛书名)、出版地、出版者、版次、出版年、ISBN 号(国际标准书号)等信息。这些信息在检索时就叫作检索标识或者检索入口。

图书示例如下:

《全脑销售》图书版权页和封面,如图 2-5 所示。

在具体检索中,《全脑销售》这本图书的检索标识有:题名(书名)——全脑销售,责任者——托尼·博赞(Tony Buzan),主题词——销售等,分类号(或索书号)——F713.3,出版时间——2006 年,等等。

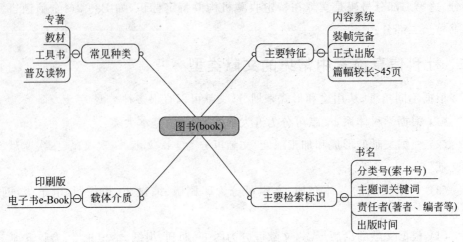

图 2-4　图书的特征

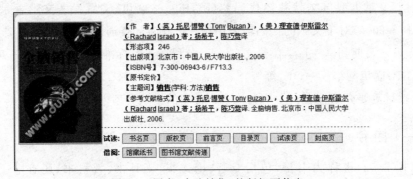

图 2-5　图书《全脑销售》的版权页信息

（二）期刊

期刊(journal)也称杂志,从信息检索的角度,一般分为流行大众性杂志和专业学术期刊两类。期刊有固定刊名,统一的出版形式,定期或不定期连续出版,每期刊载不同著者、译者、编者的文章。同图书相比,期刊出版发行速度快,报道的内容新。学术期刊论文一直是科技人员最重视的信息来源。科研人员一般都有跟踪阅读专业期刊的习惯,借以了解学科动态和进展。

期刊还经常起着汇集其他类型文献的作用,即其他类型文献所提供的新观点、新方法等重要信息常会在期刊中出现。例如:会议论文中约有35%、科技报告中约有50%、学位论文中约有20%的成果都会经过改写发表在科技期刊上,重要的专利和标准信息在期刊中也常有报道。因此,当科研人员难以获得其他类型的文献时,可以利用期刊进行弥补。

期刊示例如下:

在维普中文科技期刊数据库查到一篇题名为《绘制思维导图 点亮创新智慧》的论文,作者是秦妍,该论文发表在教育类专业期刊——《中国信息技术教育》2010年第7期。该期刊封面和论文摘要信息如图2-6所示。

绘制思维导图　点亮创新智慧

提出问题：图式学习是否可行 当你在给学生讲解数学习题时,如已知A,B比A的3倍还多50,求B。你在黑板上画过示意图吗？当你在为学生分析一篇文章结构时,是否用过流程图呢？当你外出听报告或听课,是不是仅……

秦妍　　《中国信息技术教育》　　2010年　第7期　相关文献

图 2-6　学术期刊和论文

通常在检索期刊文献时,容易混淆的检索标识是期刊名和论文名。一本连续出版的期刊,其刊名一般保持不变,但每期刊载的论文必然不同。而检索和使用期刊的目的主要是利用其中刊载的论文。因此,期刊的检索标识除了期刊名称和卷期号以外,主要是论文的检索标识,即论文作者、论文主题词、论文名称和发表时间等。

期刊的特征如图2-7所示。

(三) 报纸

报纸(newspaper)也是一种连续性出版物。与期刊不同之处在于文章篇幅比较短小、发行周期更短、报道速度快,内容以新闻动态和时事评论为主,研究性文章很少。

报纸示例如下:

图2-8为《北京青年报》2009年9月1日,关于世界记忆大师、思维导图创始人托尼·博赞的一篇报道。

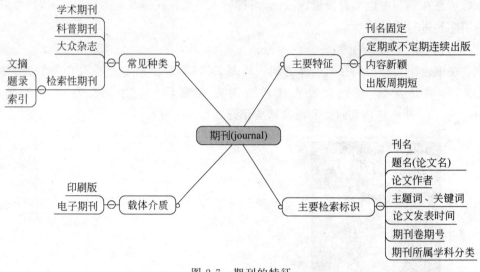

图 2-7 期刊的特征

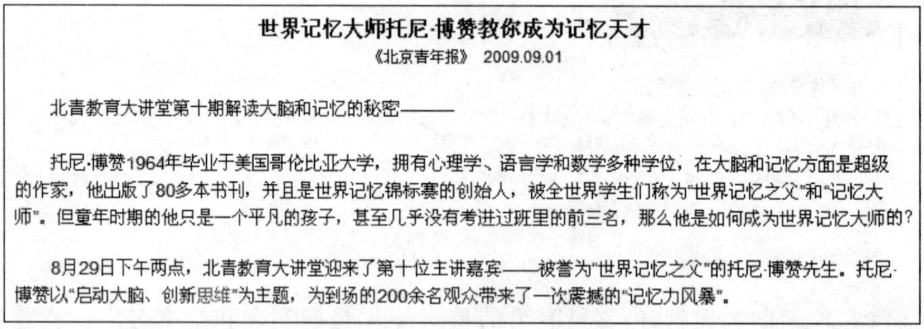

世界记忆大师托尼·博赞教你成为记忆天才
《北京青年报》 2009.09.01

北青教育大讲堂第十期解读大脑和记忆的秘密———

托尼·博赞1964年毕业于美国哥伦比亚大学，拥有心理学、语言学和数学多种学位，在大脑和记忆方面是超级的作家，他出版了80多本书刊，并且是世界记忆锦标赛的创始人，被全世界学生们称为"世界记忆之父"和"记忆大师"。但童年时期的他只是一个平凡的孩子，甚至几乎没有考进过班里的前三名，那么他是如何成为世界记忆大师的？

8月29日下午两点，北青教育大讲堂迎来了第十位主讲嘉宾——被誉为"世界记忆之父"的托尼·博赞先生。托尼·博赞以"启动大脑、创新思维"为主题，为到场的200余名观众带来了一次震撼的"记忆力风暴"。

图 2-8 《北京青年报》关于托尼·博赞的一篇报道

（四）会议文献

会议文献（conference paper）是指在国际和各国国内专业学术会议上所发表的论文和报告。会议文献分为会前（预印本）、会中（会议资料）、会后出版物。学术会议是科研人员重要的信息交流场所，信息集中、针对性较强。在会上提供交流的文献往往代表着某一专业领域最前沿的研究成果。

会议文献兼有直接交流和间接交流两种方式的长处，其文献是了解国际及各国的科技水平、动态和发展趋势的重要的第一手信息。会议文献一般不容易通过一般的文献收藏机构得到。图书馆收藏会后结集出版的会议论文汇编，内容时效性上远不及会前和会中文献。

会议文献示例如下：

通过图书馆读秀学术搜索平台 http://www.duxiu.com/检索到关于思维导图的一篇中文会议论文，信息摘录如图 2-9 所示：

图 2-9 会议论文集示例

会议论文的检索标识为论文题名、论文作者及会议名称、会议录名称、会议地点、主办单位等。其特征如图 2-10 所示。

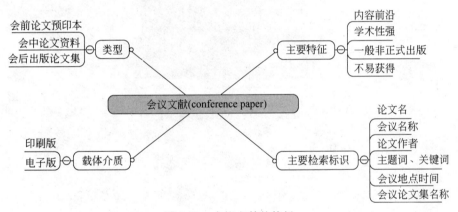

图 2-10 会议文献的特征

（五）学位论文

学位论文（thesis，dissertation）是高校本科生、研究生为取得学位资格而撰写的学术性研究论文。它一般分为学士论文、硕士论文和博士论文。学位论文的质量良莠不齐，但硕士博士论文由于经过导师指导和本领域专家的审核，其研究专题阐述得比较详细系统，带有一定的独创性，有一定的参考价值。有些学位论文，特别是博士论文，经修改后会发表在学术会议或学术期刊上。

学位论文一般不公开出版，一般只收藏在该学位授予单位。此外，我国法定的学位论文收藏单位有 3 个，即国家图书馆、中国科技信息研究所和中国社科院文献信息中心。

学位论文示例如下：

通过中国知网学位论文数据库检索到的一篇硕士学位论文《使用思维导图支持探究性学习教学案例研究》，作者为首师大研究生，封面和题录信息如图 2-11 所示。

图 2-11　硕士学位论文封面和题录信息示例

学位论文的检索标识为论文名称、论文作者、指导老师、授予的学位头衔、授予学位的单位名称、授予学位的地点和时间等，如图 2-12 所示。

三、其他特种文献类型

在社科信息检索中，除了以上常用文献类型，有时需要利用一些特殊的文献，如

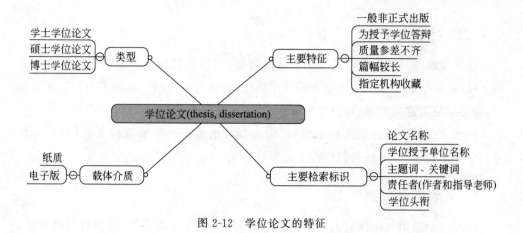

图 2-12　学位论文的特征

专利文献、标准文献、政府出版物、科技报告、科技档案、产品样本等。虽然这类"灰色文献"(grey literature)主要应用于科技信息检索,我们也简略介绍一下。

(一)专利文献

专利是一种知识产权,一切与工业产权有关的文献统称为专利文献。广义的专利文献有专利说明书、专利公报、专利分类表、专利文摘,以及与专利有关的法律文件及诉讼资料等。专利文献能反映各国科学技术已达到的水准,因此,专利文献是一种可靠的信息源。专利文献的检索标识有专利号、国别代码等著录事项。图 2-13 所示为专利说明书的示例。

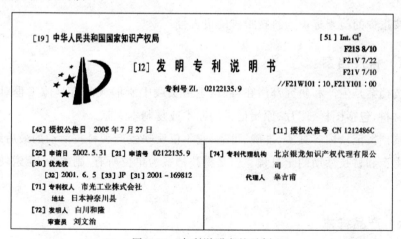

图 2-13　专利说明书的示例

（二）标准文献

标准文献是对工农业产品和工程建设质量、规格及其检验方法所作的技术规定的文件，是从事经济建设的一个共同技术依据，它具有一定的法律约束力。标准的分类，若按其使用范围划分，可分为国际标准、区域性标准、国家标准等。

标准文献的检索标识为标准号码，由三部分组成——标准机构名称（缩写为代号），中间是顺序号，最后是制定标准的年号。

（三）政府出版物

政府出版物指各国政府部门及其专门机构研究、发表的文献，其内容有行政性、政策性文件，有科技成果和科技研究报告等。政府出版物的特点是有些文件在政府颁布之前，部分已由相关单位出版过，有一定的重复。

借助于政府出版物，可以了解某一国家的科技政策、经济政策，且对于了解其科技活动、科技成果，也具有一定的参考价值。

（四）科技报告

科技报告又叫研究报告，是对科学研究工作成果的正式报告，反映的科研和技术革新成果，比期刊论文快。由于它对某一课题的研究进展和试验过程如实作了记录，内容专深具体、完整可靠，具有一定的保密性和专门性，少的一两页，多的数百页不等。

科技报告的检索标识为科技报告的报告号。

（五）科技档案

科技档案是生产和研究部门在科研、生活实践中所形成的有具体工程对象的真实记录材料，包括图样、照片、原始记录的原本或复制本文献。

科技档案记录内容真实、准确、可靠，它不仅反映生产和科技活动的最后结果，同时反映生产和科技活动的全过程。但是科技档案为单位所有，副本少，检索使用不太方便。

（六）产品样本

产品样本又叫产品目录、产品说明书或产品资料，是对已经投入生产的产品作介绍的资料。图文并茂,形象直观,出版发行迅速,更新较快,多数由厂商赠送。在使用产品样本时,也要看到它的局限性,即真正的技术关键和所谓核心数据在产品样本中一般是不介绍的,使用时要加以识别,应同其他类型文献,如专利、期刊论文、标准等配合使用。

第二节 文献检索基础

通过第一节的介绍,我们已知无论哪种类型的文献,都存在以下两方面特征:

(1)外部特征——题名、责任者、出版者、出版时间、出版地、ISBN 号、ISSN 号、语种、价格、参考文献、载体介质、数据格式等。

(2)内容特征——学科分类号、主题词、关键词等。

针对文献的外部特征加以描述(也称著录),形成了文献的外部检索标识,如题名、责任者、地名、价格、语种、参考文献等。针对文献的内容特征加以标引(indexing),形成文献的内容检索标识,如分类号、主题词、关键词等。

图书馆等文献信息机构把揭示文献内外特征的检索标识按一定规则,系统地组织起来,形成有序化的检索工具和系统。如馆藏目录体系、文摘索引工具、引文索引、人名索引、地名索引、电子数据库等。有了这些检索工具和系统,读者才能方便地查询和利用文献,而组织这些检索工具和系统的规则就是信息检索语言。

一、信息检索语言

信息检索语言是指对信息的内容进行组织与检索时用的语言。

传统文献的检索语言主要分两种,即分类法和主题法。其中,分类法的典型代表就是《中国图书馆分类法》;主题法的典型代表是《中国汉语主题词表》。这两种检索语言都是人工语言。

(一)分类法

分类法如一棵知识树,把文献按学科知识逐级逐层分枝,形成等级隶属关系分明的知识体系。在文献组织和检索中,分类号将同一学科同一主题下的文献相对集中,便于管理与查找。例如,在图书馆找到一本思维导图运用于教育的图书《高考状元的屠龙宝刀》,它的分类号是 G632.4,用这个分类号我们还可以找到相关主题的书,如《高效学习方法与技巧》等。

下面展示的是《中图法》中心理学类目的层级结构：

B84　　　　心理学

　　B84-0　心理学理论

　　B841　心理学研究方法

　　B842　心理过程与心理状态

　　B843　发生心理学

　　B844　发展心理学（人类心理学）

　　B845　生理心理学

　　B846　变态心理学、病态心理学、超意识心理学

　　B848　个性心理学（人格心理学）

　　B849　应用心理学 主题法

例如，研究思维导图与认知心理学的文献可以在 B84、B84-0 以及 B841 等类目中查到。

（二）主题法

主题词是从自然语言中优选和规范化处理得来的术语集合。它主要有标题词、叙词、单元词、关键词。主题词法不必考虑文献的学科知识体系，只要根据课题的研究对象，直接用能表征、描述文献内容的主题词检索。

随着联机书目检索系统的应用，关键词这种用自然语言词来做标识的检索语言成为信息检索语言的主流。关键词是指从文献题名、文摘或正文中直接提取出来的非规范化实意词。关键词标引迅速、简便，无须查阅词表，可省人力。其缺点是未加规范，表达同一主题的同义近义词一旦遗漏，将影响信息的查全率。

二、信息检索原理与方法

存储信息时，信息组织者首先要用检索语言对各种文献进行主题分析，揭示文献的内容和外部特征，以构成能表征文献内容的检索标识（分类号、主题词或关键词）。当用户检索信息时，也要首先对检索课题进行主题分析，提取代表课题内容的检索词（分类号、主题词或关键词），并选择合适的检索途径（题名、分类、责任者等特征）。将这些检索途径和代表文献内、外部特征的检索标识加以匹配，并检索出结果的过程就是信息检索的原理。

传统的信息检索方法通常有以下几种：

（一）常规法

常规法又称工具法，是指以主题、分类、作者等为检索途径，利用检索工具获得信息资源。根据检索需求，工具法又可分为顺查法、倒查法和抽查法。

（1）顺查法。顺查法是根据检索课题的起始年代，利用选定的检索工具从旧到新、由远及近地顺时序逐年查找，直至满足课题要求。这种方法费力、费时，工作量大，多在缺少评述文献的情况下采用，也可用于事实性检索。

（2）倒查法。倒查法与顺查法相反，多用于新课题、新观点、新理论、新技术的检索，检索的重点在新信息，只需查到基本满足要求为止，不求查全率。

（3）抽查法。抽查法是利用检索工具进行重点抽查检索的方法。针对某学科的发展重点和发展阶段，限定一定时间范围逐年检索。检索效率较高，但漏检率也高，要求对研究的课题比较熟悉。

（二）追溯法

追溯法又称引文法，是一种引文跟踪查找的方法。即以文献后面所附的参考文献为线索，逐一追溯查找相关文献的方法。回溯年代越远，所获取的文献越旧。

这类检索工具的典型代表是美国 ISI Web of Science 中的 SCI、SSCI、A&HCI（科学引文索引、社会科学引文索引、艺术和人文科学索引），中国的《中国科学引文索引》《中国社会科学引文索引》等。

（三）循环法

循环法又称交替法，是指检索时先利用检索工具从分类、主题、责任者、题名等入手，查出一批文献，再选择出与检索课题关联性较强的文献，再按文献后所附的参考文献回溯查找，不断扩大检索线索，分期分段地交替进行，循环下去，直到满意为止。

具体实践中采用哪一种检索方法，要根据课题需求来选择。

三、信息检索策略和步骤

信息检索步骤就是根据既定课题要求，利用检索工具查找信息、落实检索策略的过程。其大致分为以下六个步骤。

第一步，分析课题，明确查找要求，即所需信息的内容、性质、水平、时间范围等情况。

第二步，提取主题词和关键词（包括中英文关键词），确定主题概念的学科范围。尽量避免多义词、错别字，学会用截词和专指性强的词，尽量把同义词考虑全面。可参考已知文献提供的关键词来提取本次检索主题的关键词。

第三步，选择检索工具或检索系统。尽可能先浏览和选用图书馆本地的检索工具和系统，不要舍近求远；优先考虑综合性跨库检索平台和综述性文献；不同信息选择不同检索工具，手工检索和网络检索相结合。例如，纸质图书用馆藏书目检索系统，期刊用中国知网学术期刊全文数据库、名词概念解释用百科辞典等。

第四步，选择检索途径、构造检索表达式。检索途径即检索标识，如题名、责任者、主题词、关键词等。构造检索表达式时，要灵活运用各种组配和逻辑算符等技巧，这样可以更准确地表达检索需求，有利于检索词与检索系统中的检索标识相匹配，提高查全率或查准率。

第五步，实施和调整检索策略。根据检索目的和实际进展分析检索结果，适时制订和调整检索方案，使得检索行动有计划高效率地进行。

第六步，鉴别和评价检索结果。考查检索结果、工具和系统的权威性和可靠性；响应性和时效性；查全率和漏检率；查准率和误检率及其他指标。

无论怎样考虑周全、追根溯源，真正利用这些检索结果时，仍然会发现缺少一些资源，需要再回头检索。因此，面对课题的信息检索只有阶段性的终结。

除了分析和评价上述几个指标，我们还可以从人物、事物、范围三个方面来综合评判一下检索的结果。

（1）人物。是否找到了本领域中最具代表性的人物及其著作？

（2）事务。是否找到了本领域中影响力最大的核心期刊和论文？

（3）范围。是否找到了该领域不同阶段或不同层次的文献？

检索策略和步骤见图 2-14。

四、信息检索工具与检索系统

检索工具或检索系统是对信息组织、加工和整序的结果，目的是用于存储、报道和检索文献信息。它包括印刷型的检索工具，面向计算机网络的联机数据库检索系统、光盘数据库系统、搜索引擎等各种网络检索工具。熟练掌握各类信息检索工具或检索系统，是信息能力的具体体现。

前文提到，根据加工的深度和用途，信息可分为零次信息（文献）、一次信息（文献）、二次信息（文献）以及三次信息（文献）。零次文献和一次文献一般指的是原创信

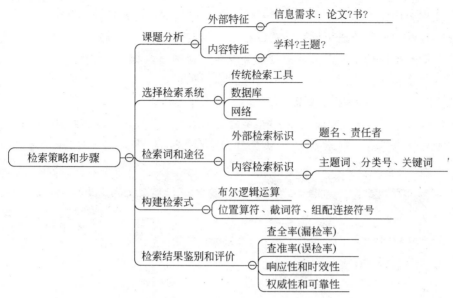

图 2-14　检索策略和步骤

息或原始文献,如原著书刊、文章、电子书刊、论文、事实数据、综述评论文献等。

例如,在网上查到"思维导图"的创始人托尼·博赞的信息(见图 2-15),下一个检索目标应该对准托尼·博赞的原著,系统阅读他的著作。了解一个问题的起源或基本理论,其代表人物的著作是最可靠、最全面的信息源。

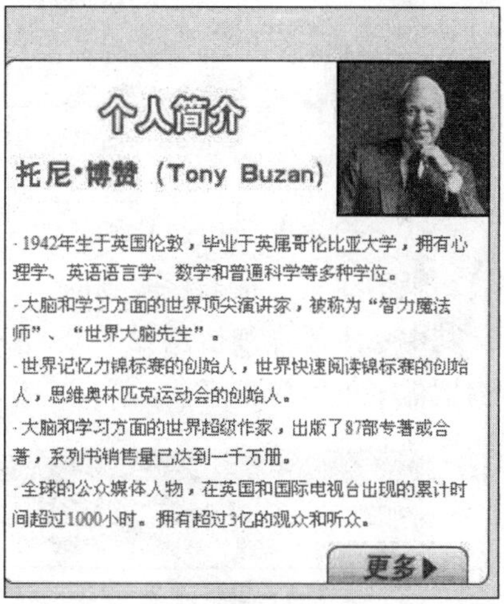

但是,在查找这些原创著作时,我们经常需要借助一些检索工具,如书目、文摘和索引。这些检索工具也叫作二次文献。它们的作用是帮助人们对某个学科专题或某个作者的文献有一个整体的概览。虽然通过这些检索工具看不到原文,但却掌握了原文的大量线索。待需要时,再选一些原著来阅读。当然,也可以直接去书架上取一本书或从电子书数据库中下载一本先睹为快,只是这样容易"只见树木,不见森林"。

图 2-15　托尼·博赞的个人简介

在本书的检索实例中,这些检索工具的作用尤其显著。

　　托尼·博赞也有译成东尼·博赞或东尼·巴赞的,他是"英国记忆力之父"、世界记忆锦标赛和世界快速阅读锦标赛创始人。他发明的思维工具"思维导图"曾帮助王储查尔斯王子提高了记忆力。博赞是个博学多识的高产作家,他研究的领域几乎涵盖社会科学各学科,几乎每年都有著作问世,目前已出版了87部专著或合著。但是国内引进出版的不多,中文版能查到的更少,因此,对这样一个学者的著作,需要比较详尽的检索工具或系统才能全盘了解,最好是利用西文书目数据库或类似的检索系统。

　　通过图书馆书目检索系统,以责任者为检索途径,检索托尼·博赞的著作:检索词——博赞,命中目标数为2,如图2-16所示:

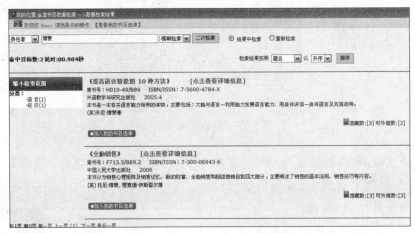

图 2-16　图书馆书目检索系统查询博赞著作的结果

　　在这次检索中运用的检索工具——金盘馆藏书目查询系统,其作用就在于获得原始文献的线索。根据检索到的书目信息,查到了博赞的两种图书在图书馆可以借到。其中一本的详细信息如图2-17所示,索书号为H019-49/B89。有了索书号,到图书馆借书就很简单了。

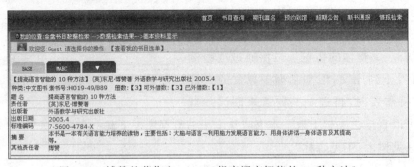

图 2-17　博赞的著作之一——《提高语言智能的 10 种方法》

（一）传统检索工具

传统检索工具主要指各种类型的工具书。工具书是根据一定的需要，比较完备地汇集某一方面的资料，并按特定的方法加以编排，专供读者查找检索有关知识、资料、事实的书籍。它大致分为检索类工具书和参考类工具书。

传统工具书类型主要包括以下几种：

1. 书目

书目（bibliography）是对一批单独出版文献的记录与揭示，并按一定的方法加以编排的检索工具，通常揭示书名、作者、卷册、版本、出版者、出版年、价格、内容简介等。书目据编制目的、收录范围和内容，可分为不同类型，如国家图书书目、国家报刊书目、馆藏书目、联合目录等。

2. 索引

索引（index）是将书刊里的论文题目或人名、地名以及词句等分别摘录出来，并注明出处，按一定的方法编排起来的检索工具书。如：

（1）篇名索引，如《全国报刊索引》《人民日报索引》《中国社会科学文献题录》《中国社会科学引文索引》（CSSCI）等。

（2）人名索引，如《古今人物别名索引》《世界姓名译名手册》《英语姓名译名手册》《外国人名辞典》等。

（3）地名索引，如《中国历史地名大辞典》《中国古今地名大辞典》《中外历史地名大辞典》《世界地名词典》《韦氏地名词典》《剑桥世界地名词典》等。

（4）字句索引，如《汉语方言词汇》《十三经索引》《论语引得》《韩非子索引》《荀子引得》《唐宋名诗索引》《牛津引语辞典》等。

3. 文摘

文摘（abstract）是系统报道、积累和检索科技文献的主要工具，是二次文献的核心。文摘是对一定范围内的论文或书籍中的内容进行浓缩，概括地陈述其主要论点、数据、结论等，并注明其出处，按一定的方式编排起来的检索工具。如《经济学文摘》《国外经济文摘》《管理科学文摘》《书评文摘》《应用社会科学索引和文摘》等。

文摘的作用有以下几条：读摘要比读原文节省时间；可根据摘要提取关键词；集中概览和略读大量相关文献。

4. 书目的书目

书目（guide to reference）的书目是具体介绍常用工具书及其使用方法的检索工

具。如《古今中外人物传记指南录》《科技名录指南》《中外专利数据库检索指南》《英国政府出版物指南》《工具书指南》《经济学情报源》等。

5. 百科全书

百科全书(encyclopedia)是以词典形式编排的、荟萃各门知识的大型参考工具书。百科全书系统、扼要地阐述各科知识，对每一学科提供定义、原理、方法、历史及现状、统计数字及参考书等方面的资料，并着重反映学术上的最新成就，通常分为综合性百科全书和专科性百科全书。如《中国大百科全书》《美国百科全书》《大不列颠百科全书》《钱伯斯百科全书》《中国企业管理百科全书》《政治经济学百科全书》《麦克米伦科学百科全书》等。

6. 类书、政书

类书是关于中国古籍方面的工具书。例如，明《永乐大典》、唐《艺文类聚》、宋《太平御览》等，相当于古籍的书目文摘。

政书是记载历代典章制度的史书，是中国特有的工具书种类。如唐代杜佑的《通典》、宋代郑樵的《通志》、元代马端临的《文献通考》，清代的"十通"。

7. 年鉴

年鉴(yearbook)是一种按年度连续出版的、汇集一年内重要资料的工具书。年鉴可分为综合性年鉴、专门性年鉴和统计性年鉴。

(1) 综合性年鉴，如《中国百科年鉴》《中国年鉴》《世界年鉴》《惠特克年鉴》等。

(2) 专门性年鉴，如《中国对外经济贸易年鉴》《中国出版年鉴》《世界经济年鉴》《中国经济年鉴》《中国教育年鉴》《中国人物年鉴》《欧罗巴世界年鉴》《联合国年鉴》《世界大事年鉴》等。

(3) 统计性年鉴，如《中国统计年鉴》《中国人口统计年鉴》《中国城市统计年鉴》《联合国统计年鉴》《国际贸易统计年鉴》《联合国教科文组织统计年鉴》等。

8. 名录

名录是一种专门对人名、地名、机构名称进行汇集并给予简要揭示和介绍的工具书。它可分为人名录、地名录和机构录。

(1) 人名录，如《中国科学院科学家人名录》《国际名人录》《美国名人录》《民国时期中国传记词典》《中华人民共和国名人录》《20 世纪主要作家》等。

(2) 地名录，如《中国地名》《全国乡镇地名录》《世界地名录》等。

(3) 机构名录，如《中国工商企业名录大全》《中国高等学校大全》《中国档案馆名录》《美国大学与学院》《美国政府手册》《国际基金会指南》《科技机构名录》等。

9. 手册

手册类似于年鉴,但编辑出版时间不受限制,主要汇集某一学科或主题既概括全面又具体适用的知识和资料。手册可分为综合型手册和专门性手册。

(1) 综合性手册,如《中华人民共和国资料手册》《生活科学手册》等。

(2) 专门性手册,如《经济工作手册》《各国货币手册》《法学知识手册》《世界邮票知识手册》《国际经济组织手册》《世界政治手册》等。

10. 字词典

字词典主要包括各类字典和词典,都是汇集字、词、成语并按一定的次序编排、解释的工具书,如《汉语大词典》《中华大字典》《新华字典》《牛津动词短语词典》《韦氏三版新国际英语词典》等。

传统工具书的主要作用是供查询特定资料所用的,因此衡量一种工具书的质量,首先在于内容上的权威性和可靠性。如今各类工具书都呈数字化网络化的趋势,几乎世界上权威的大型工具书都有网络版。如《大英百科全书》《中国大百科全书》《社会科学引文索引》《OCLC 联机目录》等。有些网络百科是自由开放式的百科,任何人都可以修改编辑其中的词条,如百度百科、维基百科。

(二)计算机信息检索系统

现代计算机信息检索主要分为联机数据库检索系统、光盘数据库检索系统和网络信息检索系统——搜索引擎。

1. 计算机信息检索的基本原理

计算机数据库中存储的基本对象是数据(data)。它泛指计算机能够处理的各种事实、数字、字符等各类符号的集合,如文字、图形、图像、声音等。数据库中的每条记录类似于传统工具书的每条著录项。传统文献检索标识,如题名、责任者、主题词、关键词、分类号、ISBN 等,大多数在计算机信息检索中仍然适用。

在计算机检索过程中,用户的检索提问与信息检索标识之间的匹配是由机器进行的,构造检索表达式的核心是构造一个既能表达检索课题需求,又能被计算机识别的检索表达式,如图 2-18 所示,我们可以大致了解计算机信息检索的基本原理。

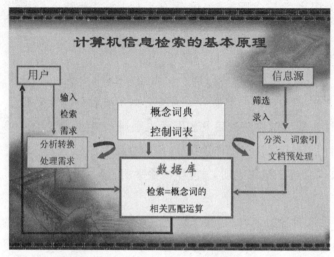

图 2-18　计算机信息检索的基本原理

　　构造检索表达式前要弄清所使用数据库的检索功能和操作算符，才能有效地进行信息检索。常用的计算机检索算符有布尔逻辑算符、位置算符、组配算符、限制符、截词符等参见图 2-19。不同的数据库会采用不同的符号或文字来表示这类算符，但规则是基本一致的。例如：

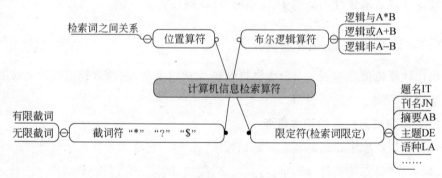

图 2-19　常用计算机检索算符

　　1) 布尔逻辑运算符

　　它是用布尔逻辑运算符表达提问式中各个检索词之间的逻辑组配关系，确定文献的命中条件和组配次序的检索方法。常用的布尔逻辑运算符有以下三种：

　　(1) 逻辑"与"（AND 或 ＊），表示各检索词之间的交集，命中记录同时含有两个检索词（检索标识）。

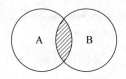

（2）逻辑"或"（OR 或＋），表示包含任一检索词。只要含有两个检索词之一即满足检索条件。

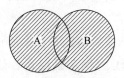

（3）逻辑"非"（NOT 或－），表示只包含位于 NOT 算符之前的检索词，排除紧随 NOT 之后的检索词。

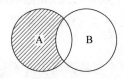

2）位置算符

位置算符是指表示词与词之间位置关系的符号，是对检索词进行加工、修饰，限制词与词之间位置关系，弥补布尔逻辑算符只是定性规定检索词的范围，可提高查准率。常用的位置算符有：

W——"With"的缩写，限定算符所连接的两个检索词的先后次序，且其间不可插入任何词。

nW——"n Words"的缩写，表示算符所连接的两个检索词之间允许插入 n 个词，但两个检索词的先后次序不变。

N——"Near"的缩写，表示算符两侧的检索词次序可以颠倒，但其中间不可插入其他词。

nN——"n Near"的缩写，表示算符所连接的两个检索词之间允许插入 n 个词，且两词词序可变。

F——"Field"的缩写。表示算符两侧的检索词必须同时出现在文献记录的同一字段中，允许插入 n 个词且词序可变。

S——"Sentence"和"Sub-field"的缩写，表示算符两侧的检索词必须同时出现在文献同一字段、句子或短语中，允许插入 n 个词，且词序可变。

L——"Link"的缩写,表示算符两侧的检索词之间有一定的从属关系。

3）截词符

截词符是指在检索词的合适位置进行截断。截词符的作用是对检索词进行截词处理,以解决英美词汇中的单复数、同词干不同词尾、词汇拼写差异等问题。常用的截词符有"＊""?""＄"。例如,输入 acid?,可以匹配 acidic、acidity 等词,这种右截断可以省略输入同词干而不同词尾的检索词,以降低漏检率,在计算机检索中较常用。

4）限制符

限制符的作用是限制检索词或检索式在数据库记录中出现的字段位置。例如,希望检索词出现在论文题名(TI)中,而不是期刊名称(JN)中,可以用括号中的缩写代码来限制。

数据库中可供检索的字段通常分为基本检索字段和辅助检索字段。基本检索字段主要有题名(TI)、文摘(AB)、主题词(DE)和标识词(ID),适用于各种数据库。辅助检索字段主要有作者(AU)、语种(LA)、出版年代(PY)、刊物名称(JN)、文献类型(DT)等字段。

计算机检索中的常用算符在不同数据库中有不同的表达形式和规则,使用时要参照具体数据库的高级检索帮助文件。

2. 计算机信息检索系统的类型和发展

计算机信息检索从 1954 年诞生以来,经历了 20 世纪 50 年代的单元词组配检索,60 年代的脱机批处理检索及联机检索试验,70 年代的联机网络检索,到 80 年代联机检索普及、光盘检索和网络检索的兴起,它的发展是人类知识爆炸和现代技术变革的必然结果,已成为人们获取信息的最主要的手段之一。

1）联机数据库检索系统

联机检索系统是一种便利、使用广泛的计算机检索系统。它允许用户以联机会话方式直接访问系统及其数据库,只要利用一个电话和一个终端,就可以连接到许多计算机系统,而不管它们位于何处。

世界上比较著名的联机检索系统有：美国的 DIALOG 系统、ORBIT 系统、BRS 系统、MEDLINE 系统,欧洲的 ESA—IR5 系统,日本的 JOCST 系统,德美日联合开发的 STN 系统等。其中美国的 DIALOG 系统是目前世界上最大的一个国际联机检索系统,拥有各种联机数据库共计 380 多个,记录总量超过 2.6 亿条,约占世界机读文献总量的 50％以上。学科范围包括自然科学、社会科学、日常生活各个领域,数据库类型有书目数据库、指南数据库和各种源数据库。文献类型有图书、期刊、专利、标准、会议录、科技报告、厂商行情、名录、学位论文等。

我国联机检索起步较晚,与国外相比大约落后 10～15 年,但从 20 世纪 70 年代末到 80 年代初发展较快。迄今,全国已在 50 多个城市建立了 100 多个国际联机检索终端,与国外大部分主要信息服务系统,如 DIALOG 系统、ORBIT 系统、BRS 系统、MEDLINE 系统等建立了联机检索业务。在引进国外联机检索系统的同时,国内也自建了一些联机检索系统。

2) 光盘(CD-ROM)检索系统

由于联机检索系统在通信设施、电信费、联机系统使用费等方面投入较高,导致 20 世纪 80 年代光盘检索系统迅速发展并得到广泛运用。

20 世纪 80 年代,在计算机技术、激光技术等现代科技成果的基础上,光盘检索系统迅速发展。除了信息存储密度高、容量大、读取速度快、存储信息类型多等优点,光盘检索系统最大的优势是免除了联机检索必须支付的电信费和联机系统使用费,成本大大低于联机检索,因此受到了广泛青睐。光盘检索既可以进行单机检索,又可以实现网上共享。

常用的光盘数据库除了一些著名的检索工具光盘版,如美国的《化学文摘》《物理文摘》,英国的《科学文摘》,中国的《生物学文摘》等,也有一些新开发的光盘数据库供用户选择使用。常用的综合性或社科光盘数据库有下列几种。

机构、名人、事实数据库——《中国大百科全书》光盘版,全套 24 张光盘。

文摘索引数据库——国内的《国家机读书目数据库》《外文期刊数据库》《中文科技期刊数据库》《中国学位论文数据库》,国外的《科学引文索引》(SCI)光盘版。

全文数据库——《中国人民大学书报资料中心复印报刊资料全文数据光盘》、万方的《中国学术会议论文集全文数据库光盘》(PACC)、清华同方的《中国学术期刊》光盘版、《人民日报五十二年图文数据光盘》《四库全书》光盘等。

3) 网络信息检索系统

20 世纪 80 年代末,由于光纤的应用使信道容量大大增加,多媒体技术的发展和多媒体信息网络的出现,智能计算机和人工智能网络的发展,特别是互联网络的建成并得到广泛应用,网络检索已成为人们获取信息的最便利、最广泛、最有效的途径。

网络信息的序化采用超媒体技术。超媒体技术是信息管理与计算机接口技术相融合的一种新技术。它主要包括两方面的技术特性:数据库和与其一致的界面窗口。它的软件系统包括正文编辑、图形编辑、数据库管理和三维浏览工具。

联网的超媒体系统必须遵守同一个通信协议，目前通用的标准通信协议是TCP/IP协议。互联网通过这个协议将世界各地的计算机网络连接起来，网上用户就可以共享网络信息资源。网络信息检索和利用具有信息资源开放性、检索工具的超文本链接及其不受时空限制的简便性。

早期网络信息交流和传递的工具有电子邮件、BBS、FTP文件传输等，随着网络信息的无序增长，这些检索工具已经无法适应网络信息服务的需要，搜索引擎便应运而生。

4）搜索引擎的发展

搜索引擎（search engines）是指互联网上专门提供查询服务的一类网站。它通过网络蜘蛛一类的自动索引软件或网络登录等方式，将因特网上大量网站的页面收集到本地，经过对信息的加工、处理和建库，能对用户提出的各种查询作出响应，给用户提供所需的信息。

现代意义上的搜索引擎最早出现于1994年7月。当时Michael Mauldin将John Leavitt的蜘蛛程序接入到其索引程序中，创建了大家现在熟知的Lycos。同年4月，斯坦福（Stanford）大学的两名博士生，David Filo和美籍华人杨致远（Gerry Yang）共同创办了超级目录索引Yahoo，并成功地使搜索引擎的概念深入人心，从此搜索引擎进入了高速发展时期。

Yahoo采用目录式的网页索引，就是将网站分门别类地存放在相应的目录中，因此用户在查询信息时，可选择关键词搜索，也可按分类目录逐层查找。有点类似于文献的学科分类法或主题目录。目录式搜索引擎主要通过人工发现信息，并依靠标引人员的知识进行甄别和分类，由专业人员手工建立关键字索引，建立目录分类体系。如果用户不能详细确定查询的关键词或者用户只想全面了解某一方面的信息，使用目录式搜索引擎的效果比较理想。但是，这种人工建立的网页目录需要被收录的网站管理者自己提供网站的简介说明。随着互联网的飞速发展，新的网站层出不穷，目录式检索越来越困难。

随着互联网规模的膨胀，单个独立的搜索引擎无法适应市场的状况，搜索引擎之间开始分工协作，像国外的Inktomi，它并不是直接面向用户的搜索引擎，但向包括MSN、HotBot等在内的其他搜索引擎提供全文网页搜索服务和技术支持。国内的百度也属于这一类，搜狐和新浪用的就是百度的技术。因此从这个意义上说，它们是搜索引擎的搜索引擎，类似于传统文献检索中书目的书目、百科中的索引等。

直到1996年，强大的HotBot出现，声称能每天自动抓取索引1 000万页以上，并大量运用 Cookie 储存用户的个人搜索喜好设置。它曾是随后几年最受欢迎的搜索引擎，最后被 Lycos 收购。

1999 年，Google 完成了从 Alpha 版到 Beta 版的蜕变，再一次永远改变了搜索引擎的定义。此后借被著名的 Yahoo 选作搜索引擎的东风，Google 一飞冲天，成为全球最知名的搜索引擎。Google 在 Pagerank、动态摘要、网页快照、多文档格式支持、地图辞典等集成搜索、多语言支持、用户界面等功能上的变革是史无前例的。

2000 年 1 月，超链分析专利发明人、前 Infoseek 资深工程师李彦宏在北京创立了百度(Baidu)公司，起初只为其他门户网站，如新浪、搜狐等提供搜索引擎。2001 年 10 月 Baidu 搜索引擎正式发布，成为全球最大的中文数据库。百度的特色包括网页快照、预览、相关搜索词提示、错别字纠正、新闻搜索、Flash 搜索、信息快递等。

3. 网络信息的分类检索

搜索引擎发展的同时，网络信息的种类也越来越复杂。以电子形式存储于网络中的信息，包括各类数据、电子文件、学术论文、图书、软件、商业活动等。从信息检索的角度，网络信息可以分为数据信息、文献信息、事实信息等种类。

1) 数据信息

以百度搜索引擎为例，针对不同类型的信息可以分别查询互联网上不同的数据库和网站。例如，查询数据方面的信息，通过百度"数据研究中心"http://data.baidu.com/，可以找到行业报告、市场行情等国民经济社会各方面的数据，如图 2-20 所示。

图 2-20　百度数据研究中心

这里要注意,其中的行业报告需要注册登录后才允许下载,如图 2-21 所示。由此可见,百度和谷歌不是完全免费的,人们有必要了解搜索引擎服务的性质和范围,很多数据信息需要付费购买。

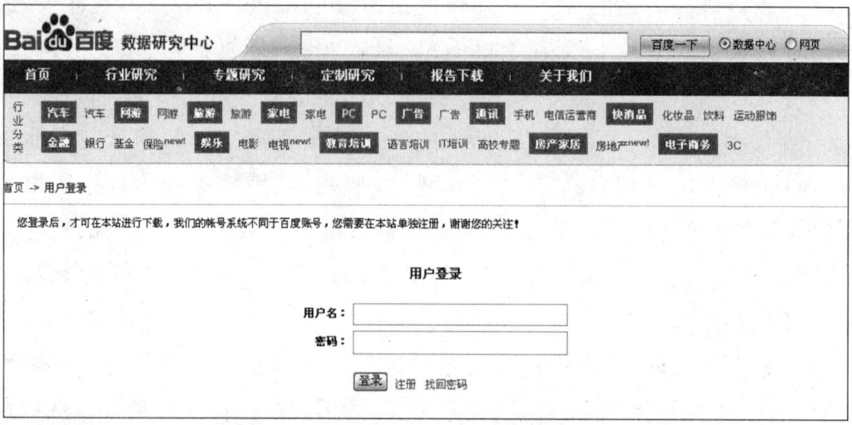

图 2-21　百度数据研究中心的行业报告

如果读者所在的大学图书馆购买了一些数值型数据库,如《国务院发展研究中心数据库》,可以登录图书馆网站,查询这类数据库中是否包含所需要的数据。在校园网下载这些数据库中的数据一般是免费的。关于图书馆各类专业数据库的授权范围和使用方法,我们在后面的章节中讲述。

2) 文献信息

再看一个文献型信息的检索示例,如图 2-22 所示。通过百度搜索托尼·博赞的著作《大脑使用说明书》,找到一个网站——豆瓣读书(http://book.douban.com/)。

豆瓣读书上有很多图书的简介和部分章节阅读,同时提供出售此书的网上书店地址和相关书评信息。此类网站可以了解一本图书的版权页和内容简介,但是一般不能得到全文。

如果想了解这本书更多内容,还可以登录指针网(http://www.zhizhen.com/),如图 2-23 所示。这是超星世纪公司开发的一个中文图书搜索平台,很多书可以免费试读前 15 页。

3) 事实信息

事实性信息检索,应该是在网络搜索中最常见的信息。例如,通过百度百科查到"思维导图"的定义,托尼·博赞的生平和著作介绍,关于思维导图培训或者会议的报道等,如图 2-24 所示。

图 2-22　豆瓣读书网的图书信息

图 2-23　指针网——中文图书搜索平台

图 2-24　百度百科关于"思维导图"的词条解释

　　网络信息无论其内容是什么，都可以呈现多种浏览方式。有全文的文档、超文本的链接，也有超媒体介质。这要看信息的提供者是用什么技术和方式来组织这类信息。针对不同形式的信息，采用的检索方式也不尽相同，主要有以下三种：

　　（1）全文检索（fullText retrieval）是将存储在数据库中的整本书、整篇文章中的任意内容信息查找出来的检索。它可以根据需要获得全文中的有关章、节、断、句、词等的信息，也可进行各种统计和分析。

　　（2）超文本检索（hyperText retrieval）是对每个节点中所存的信息以及信息链构成的网络中信息的检索。它强调中心节点之间的语义联结结构，依靠系统提供的工具进行图示穿行和节点展示，提供浏览式查询，也可进行跨库检索。

　　（3）超媒体检索（hypermedia retrieval）是对存储的文本、图像、声音等多种媒体信息的检索。它是多维存储结构、有向的链接，与超文本检索一样，可提供浏览式查询和跨库检索。

课 后 习 题

一、简答题

1. 文献的外部特征和内容特征分别有哪些？

2. 简要说明进行图书、期刊以及图书章节、期刊文章编目时，需要体现哪些基本的著录项目。

3.《中国图书馆分类法》共有几个基本大类？分别给出与自然科学、应用科学技术相关的基本大类。

4. 你是如何认识数字图书馆时代的馆藏资源的？

5. 简述布尔逻辑算符 AND、OR 和 NOT 在编制检索式中的作用。

6. 在一个具有 1000 篇文献的检索系统中检索某课题，用一特定检索策略查该课题时输出文献 60 篇。经分析评估，发现该系统中共有该课题相关文献 50 篇，检出的文献中实际相关文献只有 30 篇，求查全率、查准率。

二、操作题

1. 利用本校图书馆馆藏书目检索系统完成自己感兴趣主题相关的文献资源的查找，记录检索点、检索词、限制条件及检索结果。

2. 检索 2010 年以来经济类纸本图书在本校图书馆的收藏情况，记录检索点、检索词、限制条件及检索结果。

3. 请检索你在图书馆近一年的借阅历史。

三、思考题

1. 请确定以下题目的检索词及检索策略。

① 雾霾防治

② 城市改造中的旧城区问题

CHAPTER 3
第 3 章

互联网与图书馆

第一节　互联网与现代图书馆的关系概述

前两章中关于信息和信息检索的背景知识告诉我们：随着 Internet 的普及，在这个信息爆炸的时代，除了最常见的纸质书刊，文献信息还包括电子书刊、联机数据库、网络数据库、网页信息等。在网络信息的海洋中冲浪时，缺乏信息意识和能力的人，容易处于一种盲目搜索状态，特别是在学术信息检索方面。

如今，很多大学生找资料首先想到的不是去学校的图书馆，而是上网用百度和谷歌搜索；有些学生临毕业写论文时，才知道除了校园里那个实体的图书馆，还有一个虚拟的图书馆，图书馆的主页是这个虚拟图书馆的入口。大学图书馆类似于一个学术信息的导航定位系统。作为信息组织与服务的专业机构，图书馆常常是计算机和信息技术最新成果的应用领域之一。学会利用图书馆的信息资源和服务，从某种意义上来说是接近了信息技术应用的前沿。

一、图书馆是互联网特别是网络学术信息的导航助手

在社会科学研究中，除了必要的社会调查、案例研究等，大多数的研究活动还是基于传统文献和网络信息。当新手探索一个陌生课题的概念时，网络搜索引擎确实是很好的助手。用 Google、百度，可以对一个问题有综合性的、动态的、超媒体的概览。这些丰富立体的信息来源于网络 Wiki 百科、新闻资讯、博客、微博、BBS 论坛和网络视频，等等，在传统的图书馆是不可想象的。网络信息最显著的特点在于它是动态的，时刻都在演变。对同样一个问题，每天都有新的不同的评论和见解出现，让人眼花缭乱，也无从选择。

例如，在搜索有关思维导图的信息时，网络上各种载体类型的信息纷至沓来，令人应接不暇。这时去图书馆借一些文献来读，或者只是在同类专题的书架中浏览一些文献，有助于分析和评价纷杂的网络信息，去伪存真，从而更有效地利用这些信息。

此外,图书馆丰富的数字资源也是了解新信息和新技术的便利渠道。图书馆组织各类数据库和学术信息导航的方法,从信息管理专业的角度揭示了学术发展脉络,对于把握各学科的专业信息及其相互关系也会有所启发。

二、图书馆是人类文献信息资源共建、共享网络链中的重要环节

在图书馆得到的并不限于本馆资源,图书馆的信息服务还可以帮助用户访问全国乃至全球图书馆的文献信息资源。本地图书馆没有购买的资源,可以通过馆际资源共享共建体系来合法获得。例如,从图书馆的读秀学术搜索平台,可以查询到大量图书的信息,其中有些可以在本馆借到纸书,有些可以直接在平台下载或阅读电子全文,还有些书只能试读部分章节。那么其余的章节怎么办? 在多数情况下,在校园网我们是可以通过图书馆文献传递中心来获得全文的。现代图书馆的价值更多体现在信息服务而不是馆藏文献本身。

通过图书馆主页进入学校的虚拟图书馆,并通过校园网与互联网联通,图书馆已经成为互联网信息的一个窗口。通过购买大量的网络数据库并与全国其他各类文献信息机构达成资源共建共享协议,现代图书馆的信息与服务范围非常广泛。

三、图书馆是展示数字出版动态、把握学术发展脉络的前沿窗口

图书馆除了帮助解决本地文献资源的检索问题,如馆藏书目查询、访问网络数据库、下载电子书刊等,还会通过各种形式提供学术信息。高校图书馆会经常针对各类资源的利用开设培训。读者在电子资源讲座中学会的不仅仅是一种数据库怎么使用。有些综合或专业数据库,如 SSCI、OCLC、Science Direct 等,其提供商是世界知名的信息机构或出版社,掌握着世界上最前沿最优质的学术资源。检索和利用这些数据库时,除了获得学术信息,在国际性的社会科学研究方法方面也能得到启发。

Google 的学术搜索栏下面有一行字:“站在巨人的肩膀上。”专业学习和学术研究好比是一场承前启后的接力赛,当研究人员阅读和引用前人的研究成果进行创作时,同时也为同行和后人提供了重要的参考信息。传统文献检索中常用的追溯法(引文法)就是基于这样一个学术研究的原则。初涉某专业领域的学生,更应当充分利用身边的图书馆。当纷繁复杂的网络信息扰乱了思绪时,到图书馆找一些相关的专著读一读,也许能很快厘清头绪,明确课题的方向。

四、互联网搜索与图书馆信息服务缺一不可、同等重要

互联网的动态环境为我们提供了更便利的技术手段和交流渠道,极大地扩展了

专业学习和学术研究的视野。例如，通过博客、微博、BBS、Wiki 等网络交流平台，我们可以直接与相关课题专家交流探讨。网络数据库的超链接和搜索引擎强大的搜索功能促使人们的大脑不断接受新信息的刺激，有助于调整视角审视自己的课题方向，并不断提高对信息的分析判断力。因此，在专业课题或学术信息检索利用中，互联网与图书馆是相互依存、共同发展的。两者的作用缺一不可，同等重要。

用"思维导图及其应用"这一问题的检索实例也可以说明这一点。

第一次听说"脑图"时感觉这个词很新鲜，上网查询后才知道，脑图也叫思维导图（mind mapping），是 20 世纪 70 年代英国学者 Tony Buzan（托尼·博赞）所创。据互联网信息，在国外思维导图完整的逻辑架构及全脑思考的方法已被广泛应用于各个领域，对于工作绩效的提升产生令人无法忽视的功效。Tony Buzan 也因此以大脑先生（Mr. Brain）闻名于国际。

截至 1993 年，博赞已经出版了 20 本书，包括 19 本关于头脑、创意和学习的专书，以及一本诗集，我国开始引进这个概念基本也是在这个时期。随后 10 年里，思维导图及其应用在中国并没有很快地受到广泛关注，信息匮乏可能是原因之一。图书馆能查到他的原著很少。如今，博赞已出版的著作达 80 多种，而国内引进的中文版也不过十几种。最近几年，国内对思维导图的研究和应用逐渐增多，特别是在教育界受到了广泛关注，应该说部分得益于互联网的发展和普及。

第二节　著名搜索引擎在网络信息检索中的作用

搜索引擎按其工作方式主要可分为三种，分别是目录索引类搜索引擎（Search Index/Directory）、全文搜索引擎（Full Text Search Engine）和元搜索引擎（Meta Search Engine）。全文搜索引擎是最广泛也是用得最多的一种，一般所说的搜索引擎指的都是全文搜索引擎。

目录索引虽然有搜索功能，但在严格意义上还算不上是真正的搜索引擎，仅仅是按目录分类的网站链接列表而已。用户完全可以不用进行关键词（keywords）查询，仅靠分类目录也可找到需要的信息。目录索引中最具代表性的是 Yahoo，国内的搜狐、新浪、网易搜索也都属于这一类。元搜索引擎就是一个统一的用户界面帮助用户在多个搜索引擎中选择和利用合适的（甚至是同时利用若干个）搜索引擎来实现的检索操作，是对分布于网络的多种检索工具的全局控制机制，也称多搜索引擎。

全文搜索引擎是名副其实的搜索引擎，拥有检索程序（Indexer），俗称"蜘蛛"

(Spider)程序或"机器人"(Robot)程序,并自建网页数据库,搜索结果直接从自身的数据库中调用,国外具代表性的有 Google、Fast/AllTheWeb、AltaVista、Inktomi、Teoma、WiseNut 等,国内著名的有百度、搜狗搜索、中国搜索等。它们都是通过从互联网上提取的各个网站的信息(以网页文字为主)而建立的数据库,检索与用户查询条件匹配的相关记录,然后按一定的排列顺序将结果返回给用户,是真正的搜索引擎。

一、全文搜索引擎的工作原理

全文搜索引擎的工作原理主要分为以下步骤:

1. 爬行和抓取

搜索引擎蜘蛛(搜索引擎抓取的程序称为"蜘蛛")通过抓取一批原始页面,跟踪链接访问更多页面,获取页面 HTML 信息并存入数据库。

2. 预处理

搜索引擎对抓取来的页面数据,进行文字提取、中文分词、倒排索引等处理,以备排名程序调用。

3. 排名

用户输入关键字后,排名调用索引库数据,综合计算页面得分,按一定格式生成搜索结果页面。

全文搜索引擎原理如图 3-1 所示。

二、世界著名搜索引擎简介

2015 年全球网络搜索总量达 662 亿次,在排名前十的搜索网站中,谷歌以 62.4% 的份额高居榜首,搜索量是排名第二的雅虎的近五倍。非美国公司占据四席,其中,中国搜索引擎百度以 5.2% 的市场份额排名第三,比排名第四的微软高出 2 个百分点。排行第五的是韩国最大搜索引擎 NHN,第八为俄罗斯搜索引擎 Yandex,另一家中国网络公司阿里巴巴位居第十,其搜索流量包括中国雅虎。

1. 谷歌

谷歌是全球最大的搜索引擎,它界面简洁,简单易用。Google 首页的一框式检索界面如图 3-2 所示。

Google 最受欢迎的功能有:谷歌翻译、谷歌地图和谷歌学术搜索(Google Scholar)等。其中 Google 学术搜索提供可广泛搜索学术文献的简便方法,包括来自学术著作出版商、专业性社团、预印本、各大学及其他学术组织的经同行评论的文章、

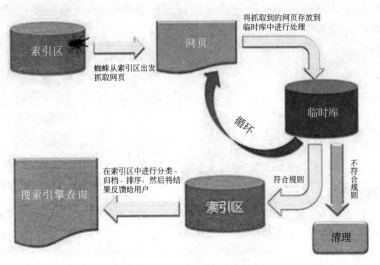

图 3-1　全文搜索引擎原理简图

图 3-2　谷歌简洁的界面

论文、图书、摘要和文章。Google 学术搜索"思维导图"示例如图 3-3 所示：

2. 必应搜索

必应是微软公司推出的搜索引擎，有国内版和国际版，为中国用户提供网页、图片、视频、学术、词典、翻译、地图等全球信息搜索服务。必应的检索界面如图 3-4 所示。

图 3-3 Google 学术搜索

图 3-4 必应检索"思维导图"界面示例

3. Yandex

Yandex 是俄罗斯网络拥有用户最多的网站,如图 3-5 所示。2006 年初每天访问 Yandex 的人数(包括外国访问者)达到 400 万人次。Yandex 目前所提供的服务包括搜索、最新新闻、地图和百科、电子信箱、电子商务、互联网广告及其他服务。
Yandex 在俄罗斯本地搜索引擎的市场份额已远超 Google。

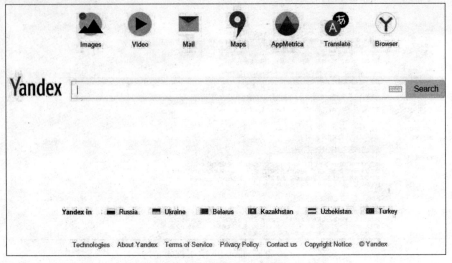

图 3-5　俄罗斯 Yandex 搜索引擎

4. 雅虎日本

雅虎！日本(Yahoo! JAPAN)是由雅虎株式会社运营的一家门户网站。其在日本的搜索引擎和门户网站市场中位居业界第一位。尽管在名称上和雅虎大致相同，但雅虎日本并不完全归属雅虎公司拥有。相反地，日本手机和互联网服务提供商软银公司拥有雅虎日本 40% 的股份，而雅虎公司只占有其 34% 的股份。

5. Naver

Naver 是韩国最大的搜索引擎和门户网站，世界第五大(仅次于谷歌、雅虎、百度和必应)搜索引擎网站，也是韩国股票市场上市值最大的互联网公司。Naver 从问答服务起步，允许韩国用户实时提出及回答问题，这些由用户提供的海量数据成为 Naver 搜索引擎数据库的主要内容。这使得 Naver 迅速成为韩国最优秀的搜索引擎服务供应商。

6. 百度

百度(baidu.com)是全球最大的中文搜索引擎、最大的中文网站。2000 年 1 月创立于北京中关村。我国是除美国、俄罗斯和韩国之外，全球仅有的 4 个拥有搜索引擎核心技术的国家之一。

7. 搜狗搜索

搜狗搜索(sogou.com)是搜狐公司于 2004 年 8 月 3 日推出的全球首个第三代互动式中文搜索引擎。搜狗搜索是中国领先的中文搜索引擎,致力于中文互联网信息的深度挖掘,帮助中国上亿网民加快信息获取速度,为用户创造价值。

搜狗的其他搜索产品各有特色。音乐搜索小于 2% 的死链率,图片搜索独特的组图浏览功能,新闻搜索及时反映互联网热点事件的看热闹首页,地图搜索的全国无缝漫游功能,使得搜狗的搜索产品线极大地满足了用户的日常需求,体现了搜狗的研发水平。

三、搜索引擎常用字段检索命令一览

(1) site：指定在特定网站进行检索,格式为：关键词(空格)site：网站。如："房地产"site：gov.cn,表示限定在政府官方网站搜索房地产方面的信息。

(2) filetype：指定目标文献的类型,格式为：关键词(空格)filetype：doc(pdf、ppt等)。如："思维导图"filetype：doc,表示搜索"思维导图"的 doc、PDF 或者 ppt 文件。

(3) intitle：指定在标题中搜索特定关键词,格式为：intitle：关键词,这样搜索结果的标题中便包含了这个特定关键词。

(4) inurl：在 url 地址中搜索,格式为：inurl：gov(edu、org 等),用于搜索所查关键词出现在政府网站、大学或公司网站中的页面,支持中英文。

(5) link：关联到某个网址的网站,主要搜索某个网站 url 的内部链接和外部链接。

(6) related：相关网站。

(7) 限定时间搜索,格式为：关键词(空格)2011..2018(使用英文句号),表示找 2011 年到 2018 年有关该关键字的信息。

(8) 不包含(排除)某关键词,使用减号(—)。

(9) 通配符星号(＊)和问号(?),可代表任何文字。当不确定某些内容,或者需要搜索相关内容,就可以用该指令。例如：周 ＊ 伦,就会返回周杰伦、周 X 伦,周 Y 伦等结果。

当然,搜索引擎还有别的字段检索指令和高级检索技巧,需要了解更多用法,可以查询搜索引擎的高级检索功能。

四、中文搜索引擎功能概要(以百度为例)

百度是全球最大的中文搜索引擎和最大的中文网站,全球领先的人工智能公司。

2000 年 1 月 1 日创立于中关村,公司创始人李彦宏拥有"超链分析"技术专利,使中国成为美国、俄罗斯、韩国之外,全球仅有的四个拥有独立搜索引擎核心技术的国家之一。基于对人工智能的多年布局与长期积累,百度在深度学习领域领先世界,并在 2016 年被《财富》杂志称为全球 AI 四巨头之一。

每天,百度响应来自百余个国家和地区的数十亿次搜索请求,是网民获取中文信息的最主要入口。百度以"用科技让复杂的世界更简单"为使命,不断坚持技术创新,致力于提供更懂用户的产品及服务。百度移动应用月活跃设备数超过 11 亿。

百度以技术为信仰,在技术研发、人才引进等方面坚持长期持续的投入。根据中国专利保护协会 2018 年统计,百度以 2368 件申请量成为中国人工智能专利领头羊。

百度是中国土生土长的搜索引擎。它是海外学成回国人员开发的专门适用中文信息搜索的工具。百度创始人李彦宏是 infoseek 第二代搜索引擎的开发者,他发明的超链技术现在在搜索引擎技术开发中被广泛地使用。

（一）百度的技术特性

百度搜索引擎的特点是:

(1) 智能化的中文语言处理技术大大提高了搜索的准确性与查全率;

(2) 可扩展的搜索技术保证最快、最多地收集网络信息,构建大规模索引库;

(3) 高效的搜索算法和本地服务器保证最快的响应速度,一个检索的平均响应时间小于 0.18 秒;

(4) 支持动态网页的检索。

百度公司在中国和美国均设有服务器,搜索范围涵盖了中国大陆、中国香港、中国台湾、中国澳门和新加坡等华语地区,以及北美、欧洲的部分站点。百度搜索引擎目前已经拥有世界上最大的中文信息库,总量达到 6 000 万以上,并且还在以每天超过 30 万页的速度不断增长。

（二）百度主要功能

1. 百度图书搜索

百度图书搜索(http://book.baidu.com/)是百度与众多图书行业伙伴合作建立的图书信息查询平台,帮助用户查找各类图书相关的信息。

2. 百度文库

百度文库包括 Word、PDF、PPT 等各类文档的浏览和下载,如图 3-6 所示。百度多文档搜索无论是从搜索的质量还是数量上看都是与 Google 相当的,甚至超出 Google,这说明中文搜索引擎在应用的深层次挖掘上已经不再落后于外来服务商。我们有理由相信百度会提供更多更好的功能。

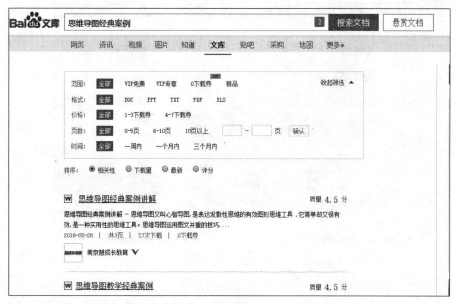

图 3-6　百度文库

3. 百度百科

百度百科被称为全民共同撰写的百科全书,已收录词条 2 552 087 个,如图 3-7 所示。

4. 百度学术

百度学术搜索,是一个提供海量中英文文献检索的学术资源搜索平台,涵盖了各类学术期刊、学位、会议论文,旨在为国内外学者提供最好的科研体验,见图 3-8。

5. 百度图片搜索

可以先利用百度进行检索,之后加以二次限定,利用"图片筛选"功能;也可以直接上传图片进行检索,如图 3-9 和图 3-10 的示例。

搜索引擎字段检索常用命令

(1) site:指定在特定网站进行检索

图 3-7　百度百科

图 3-8　百度学术搜索

图 3-9 百度图片上传:对外经济贸易大学图书馆

图 3-10 百度图片搜索:对外经济贸易大学图书馆

(2) filetype:指定目标文献的类型

(3) intitle:指定在标题中搜索

(4) inurl:在 url 地址中搜索

(5) link:关联到某个网址的网站

（6）related：相关网站

五、有关图书文档的其他搜索网站

1. 豆丁网（http://www.docin.com/）

作为全球优秀的 C2C 文档销售与分享社区，豆丁允许用户上传 PDF、DOC、PPT、TXT 在内的数十种格式的文档文件，并以 Flash Player 的形式在网页中直接展示给读者。简而言之，豆丁就如同文档版的 YouTube。现在每天都有数以万计的文档会上传到豆丁，正基于此，豆丁将致力于构建全球最大的中文图书馆。

2. 豆瓣网（http://book.douban.com/subject/）

它是一家 Web2.0 网站，主要通过用户单击及购买电子商务网站的相关产品来获得收入。在豆瓣网上，你可以自由发表有关书籍、电影、音乐的评论，可以搜索别人的推荐，所有的内容、分类、筛选、排序都由用户产生和决定，甚至在豆瓣主页出现的内容上也取决于用户个人的选择。

3. 读秀图书搜索（http://www.duxiu.com/）

读秀图书搜索是一个面向全球的图书搜索引擎，用户可以通过读秀对图书的题录信息、目录、全文内容进行搜索，方便快捷地找到他们想阅读的图书和内容，是一个真正意义上的知识性搜索引擎。读秀现收录 208 万种中文图书题录信息，可搜索的信息量超过 6 亿页，且这一数字还以每天 50 万页的速度增长。读秀允许上网用户阅读部分无版权限制图书的全部内容，对于受版权保护的图书，可以在线阅读其详细题录信息、目录及少量内容预览。

4. 网络中国电子图书搜索引擎（http://book.httpcn.com/search/）

提供数万本电子图书（E 书）免费下载，分为综合类、科教类、小说类三大类，每个大类下又分为若干小类别。搜索方式包括书名和作者两种。

近几年，国内各种图书文档的搜索网站如雨后春笋般发展起来，例如，新浪读书频道搜索（http://book.sina.com.cn/booksearch.html），搜狐读书频道图书搜索（http://lz.book.sohu.com/search.php），文学小说网站大全（http://hao.sowang.com/WENXUE.HTM）。

第三节 国家图书馆和大型综合文献资源共享体系

一、国家图书馆

（一）国家图书馆馆藏与服务

中国国家图书馆（http://www.nlc.gov.cn/）馆藏丰富，品类齐全，古今中外，集精撷萃。截至 2018 年 10 月，馆藏文献已达 3 768.62 万册（件），居世界国家图书馆第五位，并以每年 60 万～70 万册（件）的速度增长。国家图书馆的藏书可上溯到 700 多年前的南宋皇家缉熙殿藏书，最早的典藏可以远溯到 3 000 多年前的殷墟甲骨。国家图书馆的珍品特藏包括善本古籍、金石拓片、古代舆图、敦煌遗书、少数民族图籍、名人手稿、革命历史文献、家谱、地方志和普通古籍等 260 多万册（件）。外文善本中最早的版本为 1473—1477 年间印刷的欧洲"摇篮本"。这部分藏品极为珍贵，闻名遐迩，世界瞩目。

国家图书馆全面入藏国内正式出版物，是世界上入藏中文文献最多的图书馆。同时重视国内非正式出版物的收藏，是国务院学位委员会指定的博士论文收藏馆，图书馆学专业资料集中收藏地，全国年鉴资料收藏中心，并特辟香港、台湾、澳门地区出版物专室。国家图书馆的外文书刊购藏始于 20 世纪 20 年代，是国内典藏外文书刊最多的图书馆，并大量入藏国际组织和政府出版物，是联合国资料的托存图书馆。

在国内，作为全国馆际互借中心，国家图书馆与全国 558 家文献信息提供单位正式建立馆际互借关系，并与 67 个国家和地区的 550 家图书馆保持国际互借关系。在国际，国家图书馆通过 OCLC（Online Computer Library Center）实现世界文献资源共享。

OCLC 即联机计算机图书馆中心，是世界上最大的图书馆合作会员制组织，也是世界上最大的非营利性提供文献信息服务的机构之一。OCLC 向全球的图书馆、信息中心及其用户提供各种信息服务，为全球图书馆提供资源共享服务，是图书馆界成功合作的典范，目前有 171 个国家和地区的 72 000 多个图书馆用户。中国国家图书馆于 2010 年正式加入 OCLC 的 WorldCat 资源共享网络，意味着为中国读者打开了通往世界图书馆信息的门户。

2010 年 8 月，中国国家图书馆向 OCLC 提交了近 110 万条馆藏西文数据。此举丰富了 WorldCat 数据库里中国国家图书馆的书目数据资源，揭示了国家图书馆的外文馆藏。随着馆藏书目信息不断地上传，借由 OCLC 的服务平台，中国国家图书馆的馆藏文献将在全球范围内得到充分共享，中华民族的文化遗产将在全世界范围内更广泛地流传。通过 OCLC 这一服务平台，不仅使国内的读者可以更容易地从 OCLC 近 2 万所一流成员图书馆中获取信息，特别满足教育、科研用户对高质量的硕士博士论文和文章的需求，而且提高了中国国家图书馆馆际互借服务的质量和效率，同时也进一步实现了中国国家图书馆丰富馆藏资源的全球共享。

（二）国家图书馆的外文文献（人文社科）资源整合平台

为解决图书馆界长期存在的引进人文、社会科学领域文献资源不足的状况，国家图书馆拟开展"全国外文文献（人文社科）资源整合平台"项目的试用工作。该项目将由国家图书馆牵头，全国各类型图书馆自愿加入，旨在整合各图书馆分散的人文、社会科学文献资源，建立全国范围内引进人文、社会科学文献资源共知、共建、共享的服务平台。国家图书馆数字资源门户网站，见图 3-11。

该服务平台收录超过 40 000 种外文人文、社会科学学术期刊，数千种会议录、学术专著及博士论文的文摘。其中专家评审期刊数量超过 20 000 种，被 SSCI 和 A&HCI 收录的期刊达 95% 以上，收录内容涵盖《中图法》从 B 类（哲学）到 K 类（历史地理）的所有大类，是覆盖人文、社会科学文献较为全面的服务平台。

通过此服务平台，用户可直接链接到本馆权限内的电子期刊全文和本馆 OPAC 系统，从而提高本馆资源的利用效率。同时，用户也可链接到其他订购相应文献的图书馆，通过馆际互借的方式获取全文。此外，图书馆还可通过对平台收录数据和国内馆藏的分析，对本馆的资源建设进行规划，最终建立一个全国性的人文、社会科学文献资源共建、共享系统。

二、国家科技图书文献中心

（一）国家科技图书文献中心（NSTL）简介

国家科技图书文献中心（NSTL，http://www.nstl.gov.cn/）是 2000 年 6 月组建的一个虚拟的科技文献信息服务机构。其成员单位包括中国科学院文献情报中心、工程技术图书馆（中国科学技术信息研究所、机械工业信息研究院、冶金工业信息标准研究院、中国化工信息中心）、中国农业科学院图书馆、中国医学科学院图书馆。网上共建单位包括中国标准化研究院和中国计量科学研究院。中心设办公室，负责科

图 3-11 国家图书馆数字资源门户网站

技文献信息资源共建共享工作的组织、协调与管理。国家科技图书文献中心门户网站，见图 3-12。

图 3-12 国家科技图书文献中心外文期刊检索门户网站

（二）NSTL 的文献服务

文献服务是 NSTL 的一个主要服务项目，具体内容包括文献检索、全文提供、网络版全文、目次浏览、目录查询等。非注册用户可以免费获得除全文提供以外的各项服务，注册用户同时可以获得全文提供服务。

文献检索栏目向用户提供各类型科技文献题录或文摘的查询服务。文献类型涉及期刊、会议录、学位论文、科技报告、专利标准和图书等，文种涉及中、西、日、俄等。提供普通检索、高级检索、期刊检索、分类检索、自然语言检索等多种检索方式。

全文提供服务是在文献检索的基础上延伸的一项服务内容，根据用户的请求，以信函、电子邮件、传真等方式提供全文复印件。此项服务是收费服务项目，要求用户注册并支付预付款。

网络版全文服务提供 NSTL 购买的网络版全文期刊的免费浏览、阅读和下载。电子版图书的借阅服务，是面向部分西部个人用户提供的一个服务项目，需要申请授权。

目次浏览提供外文科技期刊的目次页浏览服务（current contents），报道内容均为 NSTL 成员单位收藏的各文种期刊。可通过期刊目次页浏览期刊的内容，查询相关文摘，进而请求全文。

目录查询提供西文期刊、西文会议、西文图书等文献类型的书目数据查询。报道内容均为 NSTL 成员单位馆藏文献。通过该栏目用户可及时了解文献的到馆情况。NSTL 外文文献中心拥有科技外文期刊 15 500 多种，占国内采集国外科技期刊品种数的 60％以上；外文会议录等文献 5 700 多种，是我国收集外文印本科技文献最多的机构，每月一次更新。

此外，国家科技图书文献中心还提供预印本服务，建立了中国预印本中心（http://preprint.nstl.gov.cn/newprint/index.jsp）。预印本（preprint）是指科研工作者的研究成果还未在正式刊物发表，而出于和同行交流的目的自愿通过邮寄或网络等方式传播的科研论文、科技报告等文献。

三、中国高等教育文献保障系统

（一）CALIS 简介

CALIS 的全称是中国高等教育文献保障系统（China Academic Library & Information System，http://www.calis.edu.cn/calisnew/），是经国务院批准的我国

高等教育"211工程""九五""十五"总体规划中三个公共服务体系之一。CALIS的宗旨是,在教育部的领导下,把国家的投资、现代图书馆理念、先进的技术手段、高校丰富的文献资源和人力资源整合起来,建设以中国高等教育数字图书馆为核心的教育文献联合保障体系,实现信息资源共建、共知、共享,以发挥最大的社会效益和经济效益,为中国的高等教育服务。

CALIS管理中心设在北京大学,下设了文理、工程、农学、医学四个全国文献信息服务中心,华东北、华东南、华中、华南、西北、西南、东北七个地区文献信息服务中心和一个东北地区国防文献信息服务中心。

从1998年开始建设以来,CALIS管理中心引进和共建了一系列国内外文献数据库,包括大量的二次文献库和全文数据库;采用独立开发与引用消化相结合的道路,主持开发了联机合作编目系统、文献传递与馆际互借系统、统一检索平台、资源注册与调度系统,形成了较为完整的CALIS文献信息服务网络。迄今参加CALIS项目建设和获取CALIS服务的成员馆已超过500家。

（二）CALIS外文期刊网

CALIS外文期刊网是面向高校师生的一个外文期刊综合服务平台,它是普通高校用户获取外文期刊论文的最佳途径,也是图书馆馆际互借和原文传递的强大基础数据源。该平台收录近10万种高校图书馆收藏的纸质期刊和电子期刊,目前期刊文章的篇名目次信息量达6 000万条。CALIS外文期刊网检索界面如图3-13所示。

CALIS外文期刊网的使用方法如下:

直接输入"http://ccc.calis.edu.cn/index.php"进入"外文期刊网"。在检索下拉框中选择相应的检索方式,如"篇名";在输入框中输入需要查找的文献篇名进行检索;在出现的检索结果列表中,选择所需的文献,单击全文链接;若有全文则可立即下载,若只有摘要信息无全文,则单击文献传递服务;单击所选文献右侧的"文献传递"按钮,则会进入文献传递系统。

四、北京财经类院校资源共享平台

北京财经类院校资源共享平台(http://www.5e.5read.com/)是北京地区5所财经类高校(对外经济贸易大学、首都经济贸易大学、北京工商大学、中央财经大学和北京物资学院) 的图书馆与北京世纪超星信息技术发展有限公司合作,依托该公司搜索平台,建设基于区域数字图书馆的北京财经类院校资源共享平台(以下简称财

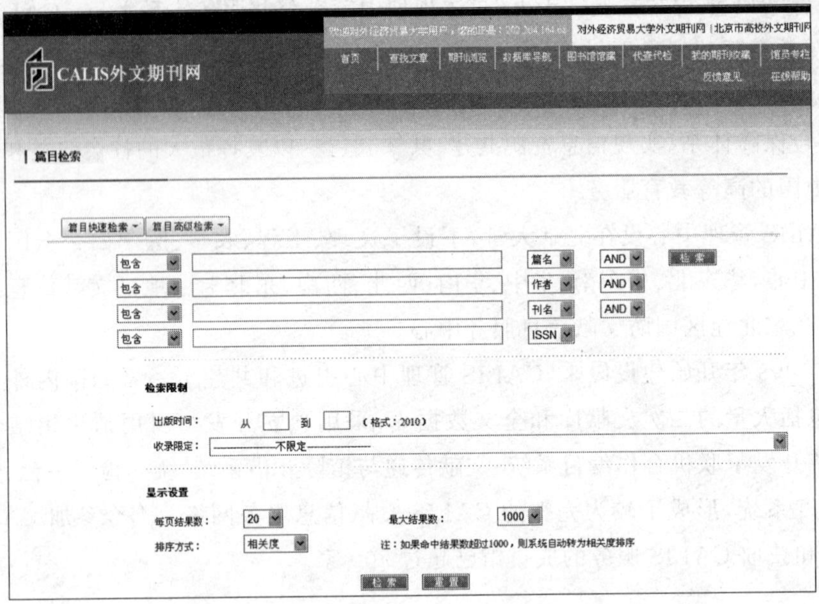

图 3-13　CALIS 外文期刊网——期刊篇目高级检索

经平台），于 2010 年 1 月 1 日正式开通运行。

财经平台依托 5 所财经院校共同购买的商用检索平台（读秀检索平台）和跨库检索软件（Medalink），对 5 所院校图书馆的电子资源进行整合共建，共享资源包括 5 所院校图书馆的图书目录、电子图书、报纸、11 个中文数据库和 30 个外文数据库。该平台采取 IP 地址认证而无需用户名和密码的方式进行一站式检索服务，本馆资源可以直接打开全文链接，外馆资源则提供免费原文传递服务，并保证 2 个工作日内作出响应。

财经平台使用便捷，融合了电子图书、期刊检索、全文访问、文献传递等多种功能，各成员馆的读者在校园网 IP 范围内无须开户，直接登录就可以方便快捷地使用检索工具进行信息检索。检索结果首先是本馆资源系统直接提供全文链接，方便读者访问；如果是馆外资源，则提供文献传递途径，读者可以借助平台向联盟馆索取。该平台的优势是专业性比较强，集聚了大量财经类数字资源；对联盟馆的大多数电子资源进行了整合，除图书、期刊外，还提供部分学位论文、报纸、专利、标准、视频、即时资讯类数据库。

作为区域图书馆数字资源共建、共享联盟的北京财经平台，充分体现了"优势互补、资源共享、互惠互利、共同发展"的原则，但在运行过程中还存在一些问题和障碍，有待于进一步改建和提高。北京财经类院校资源共享平台门户如图 3-14 所示。

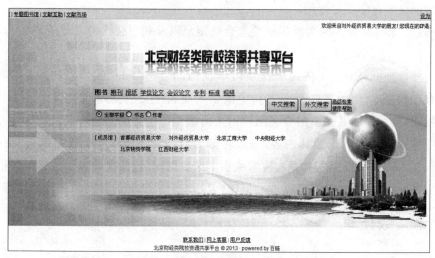

图 3-14　北京财经类院校资源共享平台检索首页

第四节　图书馆数字资源的常见类型概览

从前面几节了解到，经由本机构的图书馆，用户可以与全国甚至全球的文献信息服务机构联系起来，形成一个庞大的信息资源共享体系。读者个人在利用这些共享体系的信息服务时，最好先咨询本机构的图书馆参考咨询部门。通过图书馆的馆际互借平台申请和利用这些共建、共享资源，有些是免费的，有些则可以享受一些优惠或补贴。

当然，图书馆自身也会根据服务对象和服务范围，有针对性地购买一些数字资源，如电子图书数据库、综合性全学科跨库平台、财经数据或法律等专题数据库、电子期刊全文数据库、文摘索引等参考数据库等。有些图书馆还会购买一些网上视频资源数据库、网络版工具书等。

利用图书馆购买的数字资源一般在校园网范围内使用，读者应尊重原作者和出版者的知识产权利益，在使用数字资源时应遵守校园网数字资源使用的相关管理原则，具体如下：

（1）严禁任何个人或单位连续、系统、集中、批量地进行下载图书馆购买或试用的电子资源，更不能使用软件工具批量下载。

（2）严禁将校园网电子资源的合法使用权限提供给其他非合法用户使用，严禁私设代理供非合法用户使用。

（3）严禁将所获得的文献提供给非合法用户以及利用获得的文献资料进行非法牟利。

中外数字资源的全文格式一般为 PDF 文档，下载 Adobe Reader 软件即可阅读。但是有些数据库，如中文电子图书和中国学术期刊全文数据库（CNKI）的全文格式则不相同，必须安装其相应的全文阅读器来阅读。

图书馆数字资源按照其内容，一般可分为以下三大类：全文数据库（包括电子书、刊、学术论文和报纸全文等）、检索或参考型数据库（包括文摘和引文索引数据库、百科全书网络版等）和事实数据型数据库（包括综合或专题的事实和统计数据等）。

一、全文数据库

（一）电子图书全文数据库

1. 超星电子图书

超星电子图书数据库是全球最大的中文在线图书馆，图书涵盖各学科领域，为高校、科研机构的教学和工作提供了大量宝贵的参考资料，同时也是学习、娱乐的好助手。超星设在图书馆的镜像站点根据图书馆购买的情况，拥有中文电子图书种数不等，最高可达 200 万种之多，并不定期更新，如图 3-15 所示。

超星电子图书使用说明如下：

阅读全文须先下载并安装超星阅览器，注意选择安装阅览器的新版本（目前最新版本为 4.1.5）。

读者可以在线阅读图书，也可以下载图书，但所下载图书过一段时间后自动失效，需要重新下载。

使用下载功能时，匿名状态下载的图书只能在本机上阅读，注册用户登录后下载的图书可以复制到其他机器上阅读。注册和登录的功能均须在超星阅览器里使用。

使用阅读器打印和下载图书每天有数量限制，如每天限打 1 000 页，或每天限制下载 300 页等。

该库镜像检索平台与读秀学术搜索可互联，在本检索首页单击读秀图书搜索即可进入读秀搜索平台；而在在读秀中搜索到的图书，单击"本馆电子全文"即可链接到超星电子图书全文，如图 3-16 所示。

图 3-15 超星电子图书镜像版

2. 书生之家电子图书

书生之家数字图书馆由北京书生数字图书馆软件技术有限公司于 2000 年创办，目前可提供几十万种电子图书全文在线阅读服务。图书内容涉及各学科领域，较侧重教材、教参与考试类、文学艺术类、经济金融与工商管理类图书，如图 3-16 所示。

图 3-16 书生之家电子图书登录页面

书生电子图书使用说明如下：

（1）进入书生之家，不需要登录，单击"图书"可以直接检索浏览电子图书。

（2）校园网内用户可以在线阅读图书，但不能使用该系统的"借阅"（即下载后离线阅读）功能。

（3）阅读电子图书全文之前，请下载并安装书生阅读器（书生之家阅读器版本为 7.0）。

（4）读者可以按图书名称、出版机构、关键词、作者、丛书名称、ISBN 号、主题和提要等途径查阅图书；系统还提供了分类浏览、图书全文检索、组合检索和高级全文检索等多种检索方式，其中"全文检索"功能可实现对所有图书内容的检索。

3. 方正电子图书

北大方正依据多年来在华文出版界和报界的排版系统和设备的行业优势，大举进攻网络出版，并抢占内容格式（CEB 与 XEB）方面的制高点，以形成事实上的标准。方正阿帕比阅读器目前在技术上的优势是十分明显的。它目前主要的战略是广泛与出版界联合，建立网络出版的依托平台，同时密切与国内外的硬件阅读器厂商合作。

方正电子图书（见图 3-17）使用说明如下：

（1）下载并安装了方正 Apabi 阅读器的用户还需要进行登录，才能正常地阅读方正 Apabi 的电子图书，校园网用户点"IP 用户登录"即可。

（2）Apabi 的电子图书可以进行"在线浏览"或"下载"，"在线浏览"某电子书时，可在"图书下载列表"中看到该电子书的下载进程，当下载状态为"OK"时，即可双击

图 3-17　方正 Apabi 电子图书

该电子书书名进行在线浏览。如果选择"下载"电子书,则下载进程完成后,可在 Apabi 阅读器的藏书阁中找到已被下载的电子书,然后对其进行管理(分类)和阅读。

(3)下载到本地的电子书一般有效期限为两周,两周后电子书自动失效,需要续借或到 Apabi 数字图书馆中重新下载。

(二)电子期刊全文数据库

在文献检索中,电子期刊按照内容可分为流行畅销杂志数据库和中文学术期刊数据库两类。

1. 畅销杂志数据库

在畅销杂志类数据库中,比较有代表性的是龙源电子期刊网和博看人文畅销电子期刊网。

1)龙源电子期刊网(见图 3-18)

图 3-18 龙源电子期刊网

龙源电子期刊网的内容涵盖时政新闻、经济法律、管理财经、社科历史、文学文摘、健康生活、文化艺术、科技科普、教育教研等多种类别。龙源电子期刊网络出版与阅读平台可以用下面 24 个字概括特点:人文名刊荟萃、网络同步出版、多版立体阅读、读者互动交流。

龙源电子期刊电子网的电子杂志平台上，搜罗了几乎全部可以免费下载的电子杂志，其电子杂志订阅器注册人数已经 900 万之众。同年 9 月，龙源电子期刊网与国内最权威的人文地理杂志《中国国家地理》携手合作，共同推出了同名电子杂志，于是，国内首本涉及专业领域的电子杂志正式出现在龙源电子期刊网的平台。

2）博看人文畅销电子期刊网

博看人文畅销电子期刊数据库（图 3-19）主要分为 10 个子数据库，收录涉及党政、时事、军事、管理、财经、文摘、文学、情感、家庭、健康、时尚、娱乐、科技、教育、行业等 40 多类 3 500 余种，是现今国内最大最全的人文畅销期刊数据库。该数据库在业内首创在线翻页和原文原貌版阅读方式，同时提供文本版、语音版等多种阅读形式。博看人文畅销电子期刊数据库容量发展迅速，期刊收录量在过去的 3 年时间内年增长率为 50％以上，并承诺每日更新 100 本以上期刊内容，超过 2 000 篇文章，约 3G 字节容量。新刊上市与纸质期刊基本同步。

图 3-19　博看人文畅销电子数据库

博看网的原貌版界面像一本翻开的杂志，在当前页面上左击可放大阅读，再左击又缩回到原来的比例，右击即可翻页；放大阅读前，在阅读界面右上方，有"单页放大"框，在这种状态下左击，可以单页放大；单击"单页放大"，更换为"双页放大"，这时再左击，即可同时放大两页阅读。同时拥有打印、书架等功能。原貌版与文本版可实现一键换转，如图 3-20 所示。

图 3-20　博看电子期刊原貌版

2. 中文学术期刊数据库

中文学术期刊数据库中具有代表性的是,同方知网的中国期刊全文数据库、维普中文科技期刊数据库、万方数据数字化期刊库等。

1) 中国学术期刊全文数据库(http://dlib.edu.cnki.net/kns50/)

中国学术期刊全文数据库(CJFD)是目前世界上最大的连续动态更新的学术期刊全文数据库,已收录 1994 年至今国内公开发行的 9 000 多种重要期刊;其中 1 800 种重要核心刊回溯至创刊。CJFD 的文献量累计 2 600 多万篇,相当于 90 万本期刊的数据量;依法与资源合作单位签订出版协议 2 万多份;依约累计支付著作权使用费 5 000 多万元;出版时效不迟于纸质期刊出版之后 2 个月;全国每天下载量达 1 000 多万篇;全球用户已超过 5 000 家。中国期刊全文数据库(CJFD)以收录学术、技术、政策指导、高等科普及教育类期刊为主,同时收录基础教育、大众科普、大众文化和文艺作品类刊物。

中国学术期刊全文数据库(CJFD)的使用说明如下:

该数据库有两种访问方式,一种是远程访问(http://www.cnki.net);另一种是镜像站点,例如,首先登录××大学图书馆、公共图书馆,选择 CNKI 系列数据库,用账号密码登录。阅读全文前,有时须同时下载安装 Adobe Reader PDF 浏览器和同方知网自行开发的 CAJ 阅读器。有些论文全文须用 CAJ 阅读器才能阅读。可根据需求,选择适合的浏览器,免费下载,如图 3-21 所示。

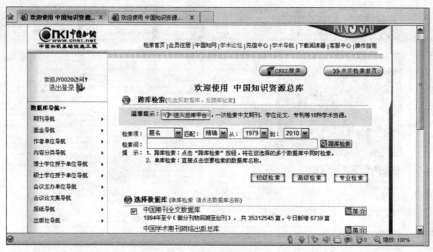

图 3-21　CNKI 中国学术期刊全文数据库

　　2) 维普资讯中文期刊服务平台

　　维普资讯《中文科技期刊数据库》是重庆维普资讯有限公司的产品，是我国第一个中文期刊数据库，是国家新闻出版总署批准的大型连续电子出版物。发展至今，已收录中文期刊 12 000 余种，数据量达 2 600 多万篇，引文 3 000 余万条，分三个版本（文摘版、全文版、引文版）和八个专辑（社会科学、自然科学、工程技术、农业科学、医药卫生、经济管理、教育科学、图书情报）定期出版，拥有高等院校、公共图书馆、研究机构、企业、医院等各类大型机构用户 5 000 多家，覆盖数千万个人读者。维普资讯《中文科技期刊数据库》已经成为文献保障系统的重要组成部分，是科技工作者进行科技查新和科技查证的必备数据库。

　　维普资讯中文期刊服务平台首页和高级检索示例，如图 3-22 和图 3-23 所示。

　　维普资讯同时也提供开放获取期刊的检索，如图 3-24 所示。

　　3) 万方数据数字化期刊库（http://www.wanfangdata.com.cn）

　　万方数字资源公司是国内最早从事信息内容服务的股份制高新技术企业之一。它依托中国信息技术研究所，目前已经发展成为以提供信息资源产品为基础，同时集信息内容管理解决方案与知识服务为一体的综合信息内容服务提供商。万方数据数字化期刊库收录 1998 年以来 6 000 余种国内刊物，总量 1 600 余万篇，核心刊物占绝大多数比重，独家期刊覆盖诸多学科专业，每周两次更新。万方数据资源种类和更新情况如图 3-25 所示。

　　万方数据资源系统主要特点如下：

图 3-22　维普资讯中文期刊服务平台首页

图 3-23　维普中文期刊高级检索"思维导图"示例

（1）学术期刊、学位论文、学术会议论文、外文文献、科技成果、中外专利、法规等学术知识资源一网打尽；

（2）博文、OA 论文整合导航服务；

（3）细致加工、权威处理，不断增值知源价值，提供论文来源的核心刊信息和被引次数分析数据。

万方数据数字期刊全文库的使用说明如下：

首先，通过最简洁的一框式输入检索词，来检索和浏览目标论文的概貌。

其次，对检索结果进行甄别，可以通过题名、文摘信息、关键词、刊名、被引次

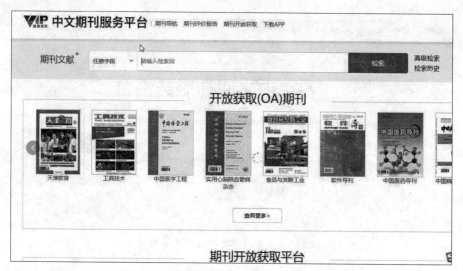

图 3-24　维普资讯中文期刊开放获取平台

期刊	共131930799条（2020年01月03日更新24203条）
学位	共6301002条（2020年01月04日更新40379条）
会议	共13903876条（2020年12月31日更新17649条）
专利	共106352847条（2020年01月04日更新406104条）
科技报告	共1175441条（2018年08月31日更新3条）
科技成果	共918473条（2019年12月03日更新1394条）
标准	共2306976条（2019年12月03日更新1354条）
法律法规	共1220601条（2020年01月04日更新1309条）
地方志	共7719380条（2018年08月31日更新142条）
视频	共26075条（2019年07月04日更新178条）

图 3-25　万方数据资源种类和更新情况

数，核心刊信息（PKU 北大、SCI 科学引文索引、EI 工程索引、ISTIC 中信所、CSSCI 南京大学中文社会科学引文索引）等内容进行甄别，如果有合适文献，则可直接下载。

如果一框式简单检索结果的范围太大、文献太多，则可进行调整，其方法包括：①直接修改检索表达式；②利用该数据库平台提供的经典检索和高级检索功能限定检索条件缩小范围；③利用检索结果目录中论文被引频次或核心刊信息来优选目标论文，如图 3-26 所示。

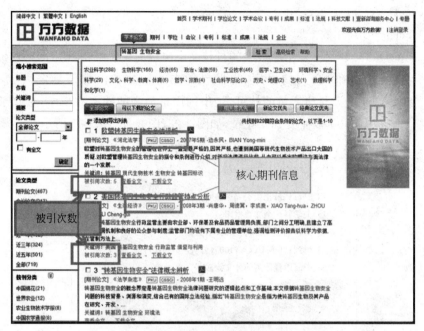

图 3-26 万方数据期刊论文检索结果页面

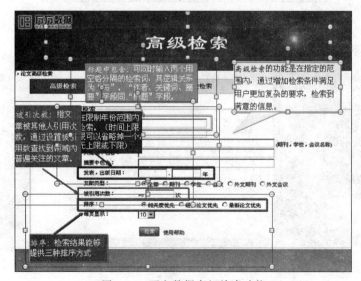

图 3-27 万方数据高级检索功能

3. 西文电子期刊数据库

西文学术性电子期刊数据库种类很多，其中综合性的西文电子期刊全文数据库有 ScienceDirect、Springer、Jstor、Sage、Emerald 等。

1）ScienceDirect 数据库

ScienceDirect 数据库是全球最大的科技文献出版商爱思唯尔（ELSEVIER）的核心产品，它是全学科的全文数据库，集世界领先的科技和医学信息之大成，得到130 多个国家 1 100 万科研人员的认可，是中国用量最高的外文数据库，它收录期刊2 000 多种，其中 1 400 多种被 SCI 收录，如图 3-28、图 3-29、图 3-30 所示。

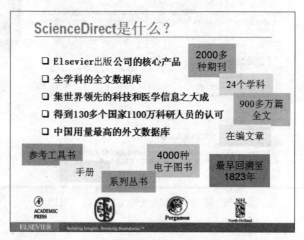

图 3-28　ELSEVIER 出版公司与 ScienceDirect

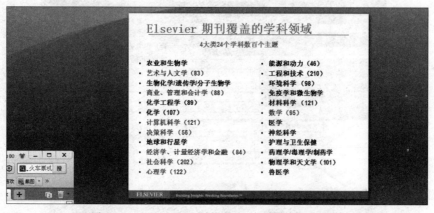

图 3-29　ELSEVIER 覆盖了 24 个学科几百个主题

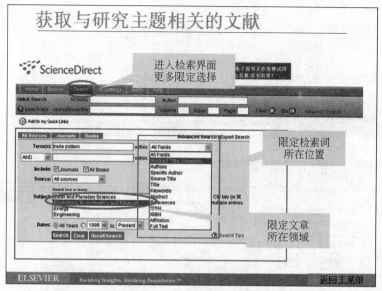

图 3-30　ScienceDirect 如何获取与研究主题相关的论文

在本数据库中用 Email 注册用户的个人账号,可以充分享受数据库的个性化服务——设置论文与图书收藏提示、主题提示、文章检索结果提示及其引用提示——从而可以随时追踪最新最热门文章。

ScienceDirectr 的使用说明如下:

ScienceDirect 平台功能完善、检索便利,检索语言灵活实用。

例如:

(1) 当英式与美式拼写方式不同时,可使用任何一种形式检索,例如,behaviour 与 behavior、psychoanalyse 与 psychoanalyze;

(2) 使用名词单数形式可同时检索出复数形式,例如,horse—horses,woman—women;

(3) 支持希腊字母 α、β、γ、Ω 检索(或英文拼写方式);

(4) 法语、德语中的重音、变音 符号,如 é、è、ä 均可以检索;

(5) 通过限定关键词出现于论文中的位置,来提高检索效率,获取与主题相关度更高的文献。

如图 3-31、图 3-32 分别展示了 ScienceDirect 数据库中常用的高级检索。

2) Sage 人文社科学术资源数据库

Sage1965 年成立于美国,它 100%专注于学术和教育出版,是全球排名第五位的

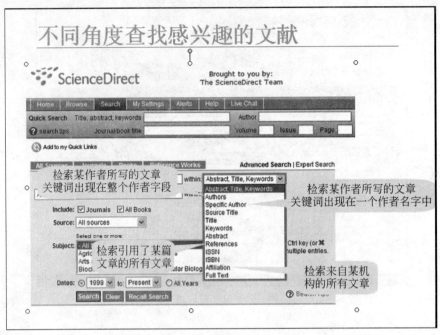

图 3-31　ScienceDirect 从不同角度寻找期刊论文

检索语言与检索技巧	
AND	**默认算符**，要求多个检索词同时出现在文章中
OR	检索词中的任意一个或多个出现在文章中
AND NOT	后面所跟的词不出现在文章中
通配符 *	取代单词中的任意个（0,1,2…）字母 如 transplant* 可以检索到 transplant, transplanted, transplanting…
通配符 ?	取代单词中的1个字母 如 wom?n 可以检索到 woman, women
W/n PRE/n	两词相隔不超过 n 个词，词序不定　quick w/3 response 两词相隔不超过 n 个词，词序一定　quick pre/2 response
" "	宽松短语检索，标点符号、连字符、停用字等会被自动忽略 "heart-attack"
{ }	精确短语检索，所有符号都将被作为检索词进行严格匹配 {c++}
( )	定义检测词顺序，例：(remote OR satellite) AND education

ELSEVIER　Building Insights. Breaking Boundaries.™　返回主菜单

图 3-32　ScienceDirect 数据库常用检索语言和检索技巧示例

学术出版商。Sage与超过250家知名学协会及研究机构合作出版，提供国际化的人文社科及科技医药出版物、超过520种的高品质学术期刊、388种社会科学和人文期刊(可访问现刊)的检索，如图3-33所示。

学科范畴	期刊数量(种)	学科范畴	期刊数量(种)
教育学	79	信息科学	5
心理学	77	哲学	8
社会学	87	音乐	8
传播学	37	生命科学	7
法学与刑罚学	26	材料科学	19
政治与国际关系	46	工程学	15
经济管理	57	临床医学	73
语言、文学与文化研究	43	公共卫生与护理学	43
历史、地理与环境科学	38	药理学与毒理学	11
城市规划与研究	7		

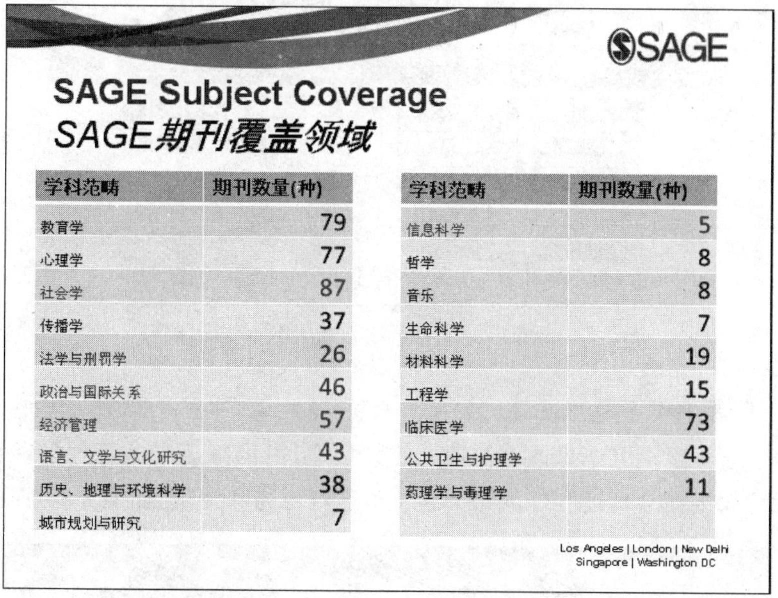

图3-33 Sage英文人文社科期刊数据库

Sage每年出版超过700种学术专业专著，12～15种参考工具书。Sage期刊总数的60%被2007年JCR收录，其中，社会科学索引(SSCI)有214种，科学索引(SCIE)有92种，Sage期刊总数的30%在相应学科排名前十位，在JCR社会科学版中位居全球第四位。

Sage的使用说明如下：

如图3-34所示：Sage检索平台的功能强大，升级后的新平台有独立的期刊主页；支持DOI技术及CrossRef成员，Google和Google Scholar可检索所有内容；链接PubMed、Scopus、CrossRef、播客(podcasts)、视频流(streaming video)；它同时界面友好并提供很好的个性化服务。在Sage数据库中找到需要的文章后，可把文章导入下载至国际通用的引文管理器，例如，EndNote、Reference Manager、BibTeX、RefWorks等。

3) Emerald管理学期刊数据库

Emerald出版管理学同行专家评审期刊200多种，是世界上出版最多管理学期

图 3-34　Sage 人文社科期刊数据库的功能划分

刊的出版社，其中很多期刊被 ISI Web of Science 收录，如图 3-35 所示。它对 300 多种世界著名管理学期刊所做的结构性文摘数据库，由国际著名的管理学者和从业人士组成的评议委员会对期刊中的每一篇文章进行论述和评价，如图 3-36 所示。

图 3-35　Emerald 管理学期刊数据库首页

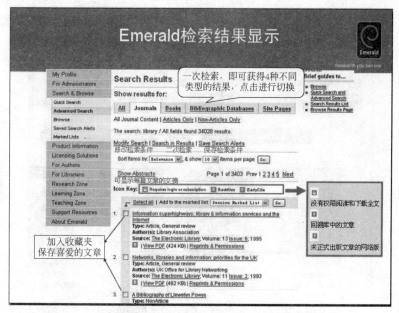

图 3-36   Emerald 管理学期刊检索页

（三）电子报纸全文数据库

1. 方正爱读爱看报纸网（http://www.idoican.com.cn/）

"爱读爱看"是方正 Apabi 技术有限公司建立的数字内容在线平台,利用方正集团及 Apabi 公司强大的中文排版技术、DRM（数字版权保护）技术以及 CEB（中文电子书）技术,整合方正集团旗下强大的数字内容资源,为读者提供几十万种电子书和上百种电子报的在线阅读服务,如图 3-37 所示。它主要有以下三个特点:

（1）免费翻阅。几十万种有趣味、有价值的各类图书,足不出户就可免费试读,原版原式地翻阅页面使在线阅读更轻松。

（2）第一时间报纸。数字报纸的阅读平台实时传递全国几十家党报、都市生活报、行业专业报的最新报道,可第一时间看到最新鲜的资讯。

（3）线上线下随时看。原版原式的报纸,不但可以线上看,还可以下载订阅、随时阅读。

2. 中国知网重要报纸全文数据库

中国知网报纸库是收录 2000 年以来中国国内重要报纸刊载的学术性、资料性文献的连续动态更新的数据库。截至 2006 年 12 月 31 日,累积报纸全文文献 645 万余篇。

图 3-37　"方正爱读爱看"报刊网

　　该数据库自 2010 年开始，从国内公开发行的 700 多种重要报纸中，每年精选 120 余万篇文献入库。产品分为以下十大专辑：理工 A、理工 B、理工 C、农业、医药卫生、文史哲、政治军事与法律、教育与社会科学综合、电子技术与信息科学、经济与管理。十大专辑下分为 168 个专题文献数据库。

　　中国重要报纸全文数据库(CCND)主要特征如下：

　　(1) 内容特点。报纸具有政策导向、贴近社会、反应迅速等特点，因此是各种政策、行业动态社会反映的最快载体，并且具有通俗易懂、语言简洁等特点。

　　(2) 应用范围。CCND 是任何单位进行社会调研、历史资料查询的必查之库。同时也是了解科普知识，理解科技信息的重要文献载体。

　　(3) 资料特点。分散、量大，不容易收集；内容杂乱，查询不方便。而报纸数据库正是弥补这些缺点的最好方式。

　　(4) 权威编辑。完全打破报纸界限，依据主题重新分类，方便查询。

　　(5) 功能齐全。可按主题、日期、作者、报纸名称、机构等进行检索。

3. 人民日报电子版

　　人民日报电子版主要包含日报、周报和杂志等，如图 3-38 所示。

图 3-38　人民网——人民日报电子版

4. 金报兴图报纸数据库

该数据库包括 1983 年至今的《经济日报》,1957 年至今的《参考消息》,20 世纪八九十年代的《党史研究》《党史资料通讯》《党史通讯》《中共党史研究》《国外中共党史研究动态》的部分报纸的全文。

5. Newsbank 世界各国报纸全文库

（1）Newsbank 数据库的内容特点

Newsbank 是全球最大和增长最快的报纸数据库,目前提供 6 300 余种世界各地最受欢迎和普遍阅读的报纸(含 200 余家主要通讯社与 100 余家主要电视台),并免费赠送 100 家全球主要电视台的视频节目,包括亚洲、欧洲、非洲、中东地区、北美洲、南美洲、大洋洲。

Newsbank 收录的报纸数量随时增加,提供的语种主要为英语,并包括一定数量的西班牙语报纸,以及法语、德语、意大利语、葡萄牙语等语种报纸,是各类图书馆丰富和完善本馆的报纸资源必备的信息资源之一。

Newsbank 内容广泛,更新及时,覆盖时间长,100％全文(除《华尔街日报》)。数据库提供所收录报纸的所有内容的电子版全文,既有世界上著名的大报,也有各个国家和地区的地方性报纸。数据库内容全面,涉及经济、商业、财政、政府、政治、环境、科学、文化、教育、体育、艺术、健康,以及所收录资源中涵盖的各个领域。数据库每日

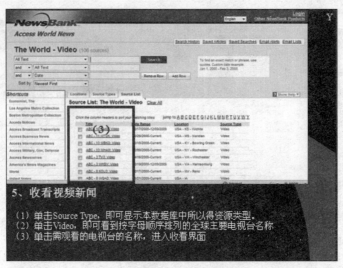

图 3-39　Newsbank 报纸数据库的附加功能——视频新闻

更新,可看到大部分报纸的当日内容。同时提供报纸丰富的回溯信息,最早可到 20
世纪 70 年代。

（2）NewsBank 的检索功能和特点

为方便使用,NewsBank 多个数据库使用统一平台。单击 NewsBank 数据库网
址（http://infoweb.newsbank.com）,首先进入 NewsBank 数据库平台。NewsBank
数据库的界面直接提供所有报纸列表,使用简便。

该数据库的检索功能强大,是许多其他数据库不能相比的。其特殊功能之一,就
是可以浏览其中任何一份报纸,部分报纸还提供原报纸版面的分类。数据库同时提
供多种检索方式组合,既可以对所有报纸进行全部检索,也可以选择一个或几个国家
和地区的报纸进行整体检索,还可以按照需要任选一份或多份报纸进行选择检索。
NewsBank 数据库内的报纸可根据自己的需要任意选定进行检索,同时也可任意定
制、任意订购,最大程度上避免了资源的浪费。

该平台支持同一检索栏中使用多个关键词与关联词,所有关键词与关联词大小
写均可;除非特别定义,关键词的变化形式在检索结果中均出现,如复数、各种时态、
原级、比较级与最高级等。针对英文词组检索,词组两端应使用双引号,各单词中间
用空格隔开即可。如"A B C",表示 A、B、C 按顺序出现且单词间没有间隔;对于关
联词嵌套,应设定较为复杂的布尔逻辑运算关系进行检索。一次检索不满意,使用
edit search 即可完成二次检索。数据库允许用户使用多个检索点在同一检索界面上

获取报章。每篇文章的全文都附有完全的书目引文。数据库还提供打印、发送电子邮件、检索结果存档、检索历史记录查询等功能。

NewsBank 平台检索出的报纸正文信息，如图 3-40 所示。

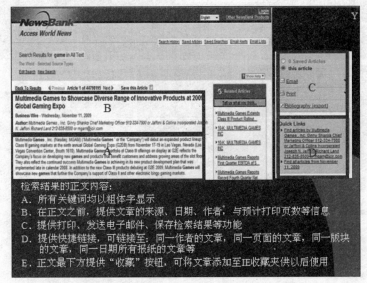

图 3-40 NewsBank 报纸论文正文内容显示

二、参考、检索型数据库

参考、检索型工具型数据库具代表性的有《不列颠百科全书》网络版、《中国大百科全书》网络版、中文社会科学引文索引（CSSCI）、ISI Web of Science 等。

（一）《不列颠百科全书》网络版（http://www.britannica.com/）

《不列颠百科全书》（又称《大英百科全书》）于 1768 年首次出版，历经 200 多年修订、再版的发展，得到不断的完善，2005 年出版了最新版本。《不列颠百科全书》全套共 32 册，所有条目均由世界各国著名的学者、各个领域的专家撰写，对主要学科、重要人物事件都有详尽介绍和叙述，是一部历史悠久、连续修订、享誉世界的权威性、学术性综合百科全书。其内容涵盖理、工、农、医、人文、社科各领域。

《不列颠百科全书》网络版（Encyclopedia Britannica Online，EB Online）作为第一部 Internet 网上的百科全书，于 1994 年正式发布。上网以后受到各方好评，多次获得电子出版物或软件方面的有关奖项。除包括印本内容外，EB Online 还包括

Britannica 的最新文章及大量印本百科全书中没有的文章,可检索词条达到
98 000 个,如图 3-41 所示。

图 3-41　不列颠百科全书网络版

1.《不列颠百科全书》网络版主要内容

（1）4 部百科全书（Encyclopedia Britannica、Britannica Student Encyclopedia、Britannica Elementary Encyclopedia、Britannica Concise Encyclopedia）;

（2）不列颠网络指南（Britannica Internet Guide）:可联结至超过 166 000 个不列颠精选相关网站;

（3）韦氏大辞典（Merriam-Webster's Collegiate Dictionary and Thesaurus）:超过 215 000 个词条及 340 000 种词类变化,方便使用者实时查询字词;

（4）世界地图（World Atlas）:提供超过 215 个国家（地区）的地图、国旗、统计资料、相关文章等;

（5）不列颠主题（Spotlights）:提供深入且丰富的 20 种主题研究数据库,如莎士比亚、诺曼底登陆等;

（6）时间序列主题（Timelines）:主题涵盖了 Architecture、Exploration、Technology 、Ecology、Art、Women 等;

（7）World Data Analyst Online;

(8) New York Times、BBC News 与 SBS World News 焦点新闻；

(9) 经典文献（Gateway to the Classics）；

(10) 名人格言（Merriam-Webster's Dictionary of Quotations）；

(11) 其他：视频资料，EBSCO、Proquest 的相关文章链接等一些内容。

2.《不列颠百科全书》网络版的个性化功能

(1) Britannica Blog。是专为喜爱知识的朋友所建立的一个以知识智能、互动分享为主体的部落空间。在内容上提供艺术、科学、时实等多元实用的知识主题，同时由各专业领域的作者来写专栏主题。能针对作者所撰写的文章提出自己的观点与看法，进而与其他热爱此主题的朋友们相互交流。

(2) WorkSpace。为了方便读者的使用，不列颠百科全书网络版提供了一个非常个性化的功能——WorkSpace。运用 WorkSpace 能让用户在不同的电脑中查看自己储存的内容。

此外，如果读者想要在论文中引用 EBonline 的文章，EBonline 也给出了引用的方法。在每一篇文章的最后都有引用方法的说明。

（二）《中国大百科全书》网络版

《中国大百科全书》是我国第一部大型综合性百科全书，共 74 卷，条目 78 169 条，计1.2 亿汉字，图表 49 765 幅。内容涵盖了哲学、社会科学、文学艺术、文化教育、自然科学、工程技术等学科领域。该书曾荣获首届国家图书奖荣誉奖，被誉为"一座没有围墙的大学"。

《中国大百科全书》光盘（单机版）制作出版以来，深得读者厚爱，成为计算机用户必备的参考工具资料软件。为了进一步满足图书馆及单位局域网对数字资源建设的需求，中国大百科全书出版社特地制作出版了《中国大百科全书》网络版。

1.《中国大百科全书》网络版的内容简介

中国大百科全书数据库是一套大规模数字化的百科综合性工具数据库。《中国大百科全书数据库（第二版）》是目前国内唯一的百科全书式的，具有权威性、系统性、准确性和完整性的可升级性知识集成型资源数据库。

《中国大百科全书数据库（第二版）》是《中国大百科全书》第一版的修订重编版，是按汉字全音序编次而成的我国第一套符合国际惯例的大型现代综合性百科全书。它是国家"九五""十五"重点出版工程，也是我国"十一五"时期文化发展规划纲要提出重点建设的国家重大出版工程，荣获了"第二届中国出版政府奖图书奖"。

《中国大百科全书》数据库收录共计逾16万条目，近100万知识点，2亿文字量，并配有数万张高清图片、地图。此外，该数据库还收有多种附录数据及特殊数据资源。在技术上，该数据库采用国内最好的中文检索平台作为检索引擎，提供完善的检索手段，体系结构先进、功能强大，是适用于各类局域网的知识集成性资源数据库。

2.《中国大百科全书》网络版的功能特点

（1）采用先进、功能强大的面向文本数据的数据库管理系统作为检索引擎；

（2）完善的检索手段，使多个读者可以同时在线检索使用，通过不同的检索途径获得所需要的信息；

（3）提供多卷检索、条目顺序检索、条目分类检索、全文检索、组合检索和逻辑检索等功能；

（4）设有热链接，方便读者查询相关信息的内容；

（5）设有大事年表，收录了各学科具有重大历史意义的事件；

（6）可以直接复制内容资料，方便用户使用；

（7）设置条目文字及图片内容的打印功能。

（三）中文社会科学引文索引（http://www.cssci.com.cn/）

1. CSSCI 简介

中文社会科学引文索引（Chinese Social Sciences Citation Index，CSSCI）是由南京大学中国社会科学研究评价中心开发研制的引文数据库，用来检索中文人文社会科学领域的论文收录和被引用情况，如图3-42所示。

CSSCI遵循文献计量学规律，采取定量与定性相结合的方法，从全国2 700余种中文人文社会科学学术性期刊中精选出学术性强、编辑规范的期刊作为来源期刊。目前，它收录包括法学、管理学、经济学、历史学、政治学等在内的25大类的500多种学术期刊，现已开发CSSCI(1998—2009)12年数据，来源文献近100余万篇，引文文献600余万篇。

2. CSSCI 的功能作用

作为我国人文社会科学主要文献信息查询的重要工具，CSSCI提供以下服务：

（1）对于社会科学研究者，CSSCI可以从来源文献和被引文献两个方面向研究人员提供相关研究领域的前沿信息和各学科学术研究发展的脉搏，通过不同学科、领域的相关逻辑组配检索，挖掘学科新的生长点，展示实现知识创新的途径；

（2）对于社会科学管理者，CSSCI可以提供地区、机构、学科、学者等多种类型的

图 3-42 "中文社会科学引文索引"新版入口

统计分析数据,从而为制定科学研究发展规划、科研政策提供决策参考。

(3) 对于期刊研究与管理者,CSSCI 提供多种定量数据,如被引频次、影响因子、即年指标、期刊影响广度、地域分布、半衰期等,通过多种定量指标的分析统计,可为期刊评价、栏目设置、组稿选题等提供定量依据。

(4) CSSCI 也可为出版社与各学科著作的学术评价提供定量依据。

CSSCI 数据库面向高校开展网上包库服务,主要提供账号和 IP 两种方式控制访问权限。其中,账号用户在网页上直接填写账号密码即可登录进入。包库用户采用 IP 地址控制访问权限,可直接单击网页右侧的"包库用户入口"进入。目前,CSSCI 数据库已被北京大学、清华大学、中国人民大学、复旦大学、国家图书馆、中科院等许多高校科研单位包库使用,为高校师生的科研工作提供了帮助。

3. CSSCI 的检索要点

目前,利用 CSSCI 可以检索到所有 CSSCI 来源刊的收录(来源文献)和被引情况。

来源文献检索提供多个检索入口,包括篇名、作者、作者所在地区机构、刊名、关键词、文献分类号、学科类别、学位类别、基金类别及项目、期刊年代卷期等。其中,多个检索入口可以按需进行优化检索,如精确检索、模糊检索、逻辑检索、二次检索等。检索结果按不同检索途径进行发文信息或被引信息分析统计,并支持文本信息下载。

被引文献的检索提供的检索入口,包括:被引文献、作者、篇名、刊名、出版年代、被引文献细节等。选择"被引文献"检索，可以了解到某一作者在 CSSCI 中被引用的情况。如查询刘国光先生的论著被引用情况，可在此框中输入"刘国光"，单击"检索"按钮，即可在结果显示窗口中显示本次检索的命中结果，在检索结果窗口中显示出本次检索条件及命中篇数、被引次数等，如图 3-43 所示。

图 3-43　CSSCI 被引文献检索——作者刘国光的文章被引情况

（四）美国 ISI Web of Science 引文索引系列：SCI、SSCI 和 A&HCI

ISI 三大引文索引系列是由美国科学信息研究所（Institute for Scientific Information，ISI）在美国费城创办，是国际公认的进行科学统计与科学评价的主要检索工具，其中以 SCI 最重要，为加菲尔德（Garfield）于 1961 年创办。随后，ISI 还陆续出版了《社会科学引文索引》（SSCI）和《艺术与人文引文索引》（A&HCI）。50 多年来，ISI 的系列引文数据库不断发展，已经成为当代世界最为重要的大型数据库，被列在国际六大著名检索系统之首。

SCI 收录全世界出版的数、理、化、农、林、医、生命科学、天文、地理、环境、材料、工程技术等自然科学各学科的核心期刊约 3 500 种。ISI 通过它严格的选刊标准和评估程序挑选刊源，而且每年略有增减，从而做到 SCI 收录的文献能全面覆盖全世界最重要和最有影响力的研究成果。作为一部检索工具，SCI 一反其他检索工具通过主题或分类途径检索文献的常规做法，而设置了独特的"引文索引"（Citation Index），即通过先期的文献被当前文献的引用，来说明文献之间的相关性及先前文献对当前文献的影响力。由于 SCI 收录的论文主要是自然科学的基础研究领域,SCI 指标主要适用于评价基础研究的成果,而基础研究的主要成果的表现形式是学术论文。所以,如何评价基础研究成果也就常常简化为如何评价论文所承载的内容对科学知识进展的影响。

ISI 引文索引以布拉德福(S.C. Bradford)文献离散律理论和加菲尔德(E. Garfield)引文分析理论为主要基础,以其独特的引证途径和综合全面的科学数据,通过统计大量的引文,然后得出某期刊某论文在某学科内的影响因子、被引频次、即时指数等量化指标来对期刊、论文等进行排行。被引频次高,说明该论文在它所研究的领域里产生了巨大的影响,被国际同行重视,学术水平高。通过论文的被引用频次等的统计,对学术期刊和科研成果进行多方位的评价研究,从而评判一个国家或地区、科研单位、个人的科研产出绩效,反映其在国际上的学术水平。SCI 这些做法上的特点,使得 SCI 不仅作为一部文献检索工具使用,而且成为科研评价的一种依据。科研机构被 SCI 收录的论文总量,反映整个机构的科研尤其是基础研究的水平;个人的论文被 SCI 收录的数量及被引用次数,反映他的研究能力与学术水平。

图 3-44 ISI Web of Knowledge——引文数据库

三、事实数值型数据库

国内外事实数值型数据库有很多,有代表性的是国务院发展研究中心数据库、中国经济信息网、BvD 全球财政金融系列数据库、国际货币基金组织 IMF 数据库等。

（一）中文事实数值型数据库

1. 国务院发展研究中心数据库（http://edu.drcnet.com.cn/DRCNet.Edu.Web/）

国务院发展研究中心信息网（以下简称国研网），是国务院发展研究中心主管、国务院发展研究中心信息中心主办、北京国研网信息有限公司承办的著名的大型经济类专业网站。

国研网以国务院发展研究中心丰富的信息资源和强大的专家阵容为依托，与海内外众多著名的经济研究机构和经济资讯提供商紧密合作，以"专业性、权威性、前瞻性、指导性和包容性"为原则，致力于以中国宏观经济和行业经济领域的政策导向及投资环境的全方位信息整合，全力打造中国最为权威的经济决策支持平台，是中国各级政府部门、研究机构和企业获取中国经济政策和经济运行数据的重要信息源。

"国研网教育版"是国研网针对高校用户设计的专版，旨在为全国各高等院校的管理者、师生和研究机构提供高端的决策和研究参考信息。它由《全文数据库》《统计数据库》《研究报告数据库》《专题数据库》四大数据库集群组成，如图 3-45 所示。

（1）《全文数据库》。它包括《国研视点》《宏观经济》《金融中国》《区域经济》《行业经济》《企业胜经》《世经评论》《高校管理决策参考》《基础教育》《经济形势分析报告》《发展规划报告》《经济普查报告》《政府工作报告》《政府统计公报》《中国国情报告》和《财政预决算及审计》16 个数据库。

（2）《统计数据库》。它包括最新数据、每日财经、金融数据、世经数据、重点行业数据、宏观数据、对外贸易数据、区域经济数据（市级）、产品产量数据、中国教育经费数据、工业统计数据等内容。

（3）《研究报告数据库》。它包括《宏观经济分析报告》《金融中国分析报告》《行业季度分析报告》和《行业月度分析报告》四大子库。

（4）《专题数据库》。它由重点专题数据库和热点专题数据库两部分组成。

2. 中国经济信息网数据库

中国经济信息网主要包含以下两个数据库。

1）中经专网（http://202.204.164.23/）

它是国家信息中心中经网面向集团用户开发的，通过卫星或网络同步传输方式传输到用户端，并及时更新的一套内容、技术和通信手段有机结合的信息服务系统。

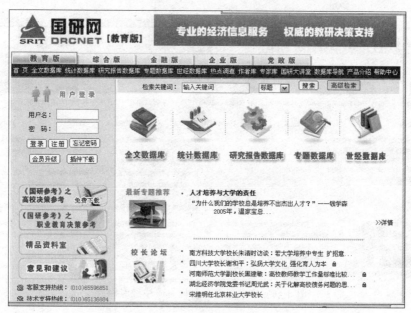

图 3-45 国研网教育版

该系统同时集成了中经网的信息内容精华,从宏观、行业、区域等角度,全方位监测和诠释经济运行态势,为政府、企事业、金融、学校等机构把握经济形势,实现科学决策,提供持续的信息服务,如图 3-46 所示。

中经专网的内容与检索特点如下:

(1) 完整、及时、专业的内容体系。涵盖监测、分析、研究、数据、政策、商情等方面;涉及宏观、金融、汽车、房地产等 16 个重点行业;覆盖全国 31 个省(区、市)、港澳台及世界主要国家(地区);每日动态更新 800 余篇文章、120 万汉字及 1 小时最新视频;"事实+数据+专家观点"构造系统化、专业化的信息结构。

(2) 结构合理、检索方便、客户定制化。积木式模块化三层结构设计,800 多个内容模块组合为 160 多项信息产品;支持任何栏目下的任意词全文检索和多次全文检索;可定制网页并可与用户网页融为一体。

(3) 稳定可靠的内容分发技术、国内领先的同步传输技术。支持多文件格式、多数据库的分发及在多平台上运行;支持 1 带 N,一台接收机可为多台发布服务器发送信息;网络同步技术保障信息内容传输的实时、准确、可靠;卫星同步技术采用主动触发式方式,实现数据变更时的即时发送;补发数据包与实时数据包采用不同信道发布,通过权限设置,确保实时数据的优先性。

图 3-46　中国经济信息网——中经专网

2）中经网统计数据库（http://db.cei.gov.cn/）

中经网统计数据库涵盖宏观、行业、区域以及世界经济等各个领域；包括"中国经济统计数据库"和"世界经济统计数据库"两大系列；按时间序列组织数据，提供EXCEL 数据导出等功能，附加重点指标注解，如图 3-47 所示。

图 3-47　中经网统计数据库

（1）宏观月度库。涵盖国民经济核算、财政、金融、贸易、投资、房地产、工业交通、物价工资 共14个专题2 000多项指标内容；自1990年至今的70多万条数据；近300项重点指标注解。

（2）行业月度库。含：39个工业大类，近200个中类行业运行发展情况；近50项主要财务及经济效益指标；自1999年至今的150多万条海量数据；专业化处理94国标与02国标行业分类口径对应与衔接；数万字行业调整说明及指标注释。

（3）海关月度库。以中国海关统计数据为基础；自1995年以来的进出口月度统计数据；涵盖3万多个指标；300多万条数据。

（4）综合年度库。历年《中国统计年鉴》为基础；1949年以来我国社会、经济发展全貌共计23个大类专题；3 000多个指标；30多万条数据。

（5）城市年度库。自1990年以来全国300余个地级城市的城市经济发展状况主要统计指标。

（6）世界经济统计数据库。包括OECD月度库和OECD年度库；自1960年以来的年度、季度、月度数据；涵盖30个OECD组织成员、8个非成员以及国际主要经济组织的宏观经济发展指标；包含国际收支、国民账户、就业、生产、制造业、建筑业、价格、国内需求、金融、贸易、商业趋势调查、先行指标等近30个大类专题；按不同国别及专题分类提供详细指标名词解释。

3. EPS 数据平台

（1）EPS 数据平台简介

EPS 数据平台由北京福卡斯特信息技术有限公司研制，将统计数据与经济分析预测工具整合在一个开放的系统平台，形成了面向用户不同需求的一系列专业数据库，并且将这些数据库进行整理、归纳，配合 EPS 数据平台高效、直观的使用功能，运用实用、强大的预测分析功能，为各类读者、研究者及各类研究机构、行业机构及投资机构提供完整、及时、准确的数据以及各种数据分析与预测工具，如图3-48所示。

EPS 具有中文和英文两种语言平台，可以根据需求选择中文或者英文操作界面。

EPS 数据平台是国内首个"数据库＋统计分析预测"的数值型数据库；涉及40个领域、30多个一级学科、200多个二级学科及国民经济行业大中小类；覆盖全国各省、400多个市、2 000多个县和港澳台地区及全球200多个国家与国际组织；拥有20多万个统计指标的时间序列，数据量超过40亿条。

EPS 开通的数据库包括：

中国商品交易市场数据库(China Commodity Exchange Market Database)

中国卫生数据库（China Health Database ）

重庆社会发展数据库（Chongqing Social Development Database ）

世界教育数据库（World Education Database）

中国宏观经济数据库(China Macro Economy Database)

世界贸易数据库（World Trade Database）

中国区域经济数据库（China Regional Economy Database）

世界宏观经济数据库（World Macro Economy Database）

世界经济发展数据库（World Economy Development Database）

中国对外经济数据库（China Foreign Economic Database）

世界主要经济体数据库（World Major Economies Database）

中国劳动经济数据库（China Labour Economic Database）

中国金融数据库(China Finance Database)

中国行业贸易数据库(China Industry Trade Database)

中国城市数据库(China City Database)

世界能源数据库(World Energy Database)

中国交通数据库(China Transportation Database)

中国高技术产业数据库（China High Technology Industry Database)

中国工业经济数据库(China Industry Economy Database)

中国城乡建设数据库(China Urban-Rural Construction Database)

中国固定资产投资数据库(China Investment in Fixed Assets Database)

中国国土资源数据库(China Land and Resources Database)

中国科技数据库(China Science and Technology Database)

中国财政税收数据库（China Finance and Taxation Database)

中国工业产品产量数据库(China Industry Product Output Database)

北京社会发展数据库(Beijing Social Development Database)

中国建筑业数据库(China Construction Industry Database)

中国商品贸易数据库(China Commodity Trade Database)

中国农林数据库（China Agriculture and Forestry Database）

中国教育数据库（China Education Database）

中国贸易指数数据库(China Trade Index Database)

中国工业行业数据库（China Industry Database）

中国农产品成本收益数据库（China Agricultural Products Cost-benefit Database）

中国工业企业数据库（China Industry Business Performance Database）

中国旅游数据库（China Tourism Database）

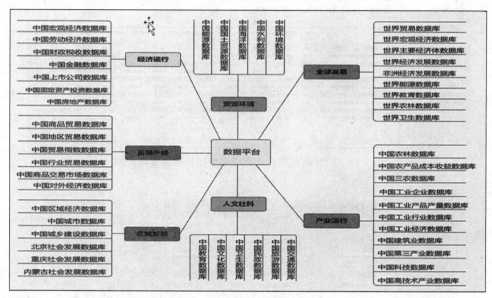

图 3-48　EPS 数据平台全景图

（2）EPS 知识服务平台

EPS 知识服务平台包括四大模块：(1)指标，(2)表格，(3)计量，(4)主题，实现四位一体全方位功能服务，如图 3-49、图 3-50 所示。

（二）外文事实数值型数据库

1. BvD 全球财经金融系列库（http://www.bvdep.com）

Bureau van Dijk Editions Electroniques SA(BvD)，是欧洲著名的全球金融与企业资信分析数据库电子提供商。BvD 为各国政府金融监管部门、银行与金融机构、证券投资公司等提供国际金融与各国宏观经济走势分析等专业数据。同时 BvD 也是欧洲最大的企业资信分析数据的提供商，拥有欧洲 1 000 多万家公司、企业的资信分析库、全球并购交易分析库，并广泛地为欧美等国的金融与教育机构长期订购使用。BvD 公司在世界 29 个主要国际城市设有分支机构。

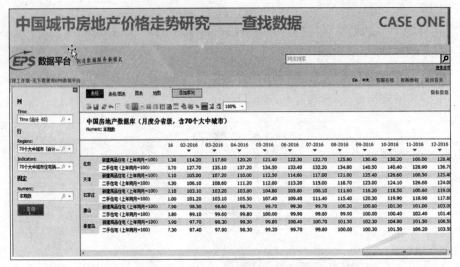

图 3-49　EPS 城市房地产价格走势比较数据查询示例

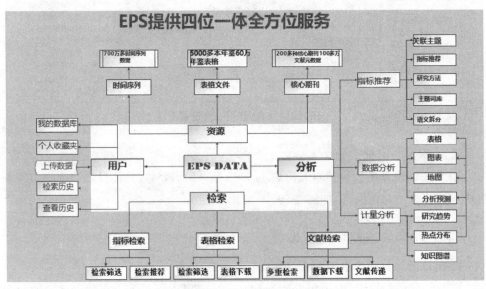

图 3-50　EPS 平台四位一体功能图

BvD 系列子库主要有以下几种。

（1）Osiris《全球上市公司分析库》（https://www.osiris.bvdep.com/ip）

Osiris 是研究全球各国证券交易所内 55 000 多家上市公司的大型专业分析库，由欧洲著名金融信息服务商 Bureau van Dijk（BVD）开发。在 OSIRIS 库中，用户可以全面获取全球各国上市公司的详细历年财务、股价序列、股权机构、信用评级、行业分析等各类重要分析数据(含历史与最新数据),也包含了中国深沪两市及中国海外上市公司的分析数据,如图3-50所示。

(2) Bankscope《全球银行与金融机构分析库》(https://www.bankscope.bvdep.com/ip)

Bankscope是欧洲金融信息服务商Bureau van Dijk(BvD)与银行业权威评级机构FitchRatings(惠誉)合作开发的银行业信息库。它详细提供了全球28 900多家主要银行(1 673家北美银行、9 700家其他各国银行)及世界重要金融机构与组织的经营与信用分析数据。

(3) Zephyr《全球并购交易分析库》(https://www.zephyr.bvdep.com/ip)

Zephyr是国际并购研究领域知名的分析库,每天向用户在线发布全球并购(M&A)、首发(IPO)、计划首发(Planned IPO)、机构投资者收购(IBO)、管理层收购(MBO)、股票回购(Share Buyback)、杠杆收购(LBO)、反向收购(Reverse Takeover)、风险投资(VC)、合资(JV)等交易的最新信息。Zephyr当前收录了全球各行业50多万笔并购交易记录(含历史交易记录),每年新增10万笔最新交易记录。并涵盖亚太地区及中国的交易数据。

(4) Qin《中国企业财务信息分析库》(https://www.qin.bvdep.com/ip)

Qin(在线每月更新)收录了34万家中国内地上市与非上市公司、企业的财务分析数据,其中多数公司提供3年或以上的财务数据(资产负债表、损益表、多向财务分析比率)。用户可以通过QIN开展数据的行业统计分析、企业同业对比分析、行业利润率与集中度分析、数据合并、线性回归分析等,并可快速将各项财务指标转换为分析图形或曲线。用户通过QIN,可有效获取我国各行业内主要企业信息与地理分布、市场份额及行业平均利润率、高成长型企业与行业表现等重要分析数据。

(5) EIU Countrydat《各国宏观经济指标宝典》(https://www.countrydata.bvdep.com/ip)

EIU Countrydata是全面获取全球各国宏观经济指标的历史、当前及未来预测数值的实证宏观分析库。在全球宏观经济研究领域享有很高的权威性,库中数据涵盖150个国家及40个地区。宏观指标分为七大类,总计317项变量系列(Series),含年度、季度、月度数值,数值时间跨度自1980—2012年(提供5~25年预测值)。同时,EIU Countrydata基于对各国近期政治发展、经济走势及外部环境等因素的综合判断,每月随库发布全球181个国家与地区的月度经济展望报告(Outlook Report)。

(6) Chelem《国际商品贸易分析库》(https://www.chelem.bvdep.com/ip)

　　Chelem 是帮助用户深入分析单一国家的经济走势相对于全球经济表现的实证类分析数据库，它收录了全球 82 个最主要的经济活动体（国家与地区）的数据。这些国家与地区的贸易总量占据全球贸易总量的 99%，占世界生产总值的 96%。

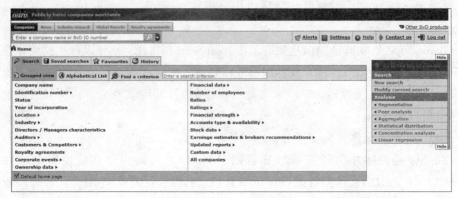

图 3-51　BvD 系列库之———Osiris《全球上市公司分析库》

2. 国际货币基金组织 IMF 数据库（http://www.elibrary.imf.org/）

　　国际货币基金组织（IMF）是政府间国际金融组织，于 1945 年成立，现有 187 个成员，其宗旨是提高国际金融合作和维护汇率的稳定，促进国际贸易平衡发展，帮助陷入经济困境的国家减少贫困。IMF eLIBRARY 是国际货币基金组织所出版各种资料，如图书、期刊、工作报告、国家报告等的网络平台，实时为广大用户提供在线访问服务。

　　IMF 收集、加工、发布一系列有关国际货币组织借贷、汇率以及其他经济和金融指标的数据和统计信息，并提供多种版本格式，包括印本、CD-ROM 版、在线版，部分数据同时以年刊/年鉴的形式出版，是世界最权威经济数据和分析报告来源之一，如图 3-52 所示。

　　它主要包括以下内容：

　　（1）国际金融统计（International Financial Statistics，IFS）。它提供超过 200 个国家（地区）约 32 000 条国际金融和各国国内金融的各类统计数据，包括收支平衡数据、国际资金流动、货币和银行、汇率和利率数据、价格和产品、国际贸易、政府决算、国民核算、人口数据等。其时间涵盖年限为 1948 年至今。

　　（2）国际收支统计（Balance of Payments Statistics，BOP）。它拥有超过170 个国家和地区约 10 万条季度和年度的统计数据，包括综合性或细分性的标准化和分析性数据。其主要内容涵盖国际经济贸易数据，例如：整体商品、服务、工业贸

图 3-52　IMF 数据库——eLIBRARY

易等;国际资本转移、债权和债务的资本转移;国际收支数据等。其时间涵盖年限为 1948 年至今。

(3) 贸易方向统计(Direction of Trade Statistics,DOT)。它提供超过 190 个国家和地区约 10 万条双边或多边的商品进出口统计数据。其时间涵盖年限为 1980 年至今。

(4) 政府财政统计(Government Finance Statistics,GFS)。它提供 145 个成员的税收、消费、规划预算、额外预算、社会保险、综合财务核算等数据。其时间涵盖年限为 1990 年至今。

(5) IMF 工作文件(Working Papers)。它涵盖广泛研究主题的理论性或分析性工作文件。

(6) IMF 国家报告(Country Reports)。它涵盖各成员国经济、金融发展和趋势的评估和预测。

(7) 世界经济展望(World Economic Outlook)。它涵盖全球经济发展的中短期分析,并有丰富的统计数据和表格,如图 3-53 所示。

(8) 全球金融稳定报告(Global Financial Stability Reports)。它聚焦当前市场状况,评估全球金融系统和市场,预测未来发展,关注可能对金融稳定产生影响的问题。

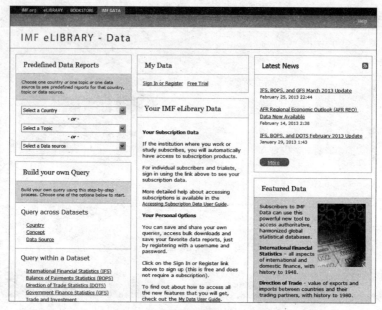

图 3-53　IMF 数据库——Data

（9）地区经济展望（Regional Economic Outlooks）。它按亚太地区、中东和中亚、欧洲、撒哈拉以南非洲和西半球 5 个区域讨论国家或地区的经济发展和展望。

此外，还有多种期刊、图书、使用手册和指南等实时介绍国际货币基金组织的各项研究和活动的最新进展和成果。

课 后 习 题

一、操作题

1. 请利用国家图书馆馆藏目录查找《基度山伯爵》有几种中译本，请给出较新一本的馆藏地点及索书号。

2. 请利用"北京财经类院校资源共享平台"实现感兴趣主题电子书的传递，并记录该平台电子书传递的规则。

3. 查找并阅读 1988 年书目文献出版社出版的阮冈纳赞编写的《图书馆学五定律》电子书。简要说明阮冈那赞从哪几个方面讲述了"开架制"的优缺点，并提供该电子书所在的数据库名称。

4. 查找你所在单位人员撰写的你所在学科专业的硕士论文或博士论文 3 篇。

5. 用检索实例说明中国知网(CNKI)标准检索、高级检索、专业检索、引文检索、学者检索的检索方法。

6. 如何利用新东方多媒体学习库和维普考试服务平台获取大学英语四六级考试方面的教学视频和相关学习资料？

7. 简述皮书数据的主要内容,并利用皮书数据库检索我国国民经济发展的相关研究报告。

8. 请利用 EPS 数据平台查找我国 2010—2017 年的小学学校数、城区小学学校数、镇区小学学校数、乡村小学学校数,输出表格,并简要说明这四个指标的变化趋势。

二、思考题

1. 试比较分析中国知网(CNKI)、万方数据知识服务平台、维普期刊资源整合服务平台中"中文期刊数据库"的异同点。

2. 简述 ProQuest 学位论文数据库的检索方法。

3. 如何利用百度搜索引擎搜索不同类型的文档？（例如：Word 文档或者 Excel 文档。）

CHAPTER 4
第4章

常用社科数据库的检索举要

社会科学信息检索以社会科学诸多领域,如哲学、宗教、政治、经济、文学、历史、法律、教育等学科研究中的各种知识信息为检索对象。当代社会科学正朝着纵向分化和横向综合两大趋势发展:一方面,社会科学领域各学科相互渗透,不断分化和综合,形成许多新的分支学科;另一方面,许多自然科学中的理论、方法被引进社会科学研究领域中来,形成许多新兴的交叉学科,如生态经济学、金融工程学、信息计量学等。社会科学研究在不断拓展新领域、新思维的同时,也对社会科学信息检索提出了更高的要求。

围绕社科研究课题一般需要收集以下几个方面的文献:

(1) 有关课题基本理论的文献、专著、综述等;

(2) 有关课题最新研究的学术论文;

(3) 有关课题的文献资料中涉及的人物、事实、数据等;

(4) 与课题相关的交叉学科研究成果。

全面系统地检索各类文献信息,才能整体把握课题的发展水平和动态。此外,社会科学研究注重历史资料的积累,研究中不仅要了解新观点,而且要充分利用前人已取得的成果。所以,社会科学文献检索更重视历史回溯性检索,检索范围的时间跨度一般较大。由于社科研究课题一般具有综合性强、涉及面广等特点,有关课题的检索需要综合运用各种参考检索工具才能获得比较圆满的答案。

本章以几种国内外有代表性的著名数据库检索为例,简述各类数据库在社科信息检索中的作用。

第一节　综合数据库与社科文献检索

一、书目及论文文摘索引（以 OCLC FirstSearch 基本组数据库为例）

（一）OCLC 联机计算机图书馆中心简介

OCLC 全名为 Online Computer Library Center（联机计算机图书馆中心），于 1967 年在美国成立。它是面向全球图书馆的计算机网络信息服务和研究组织。通过 OCLC 的服务，用户可获得书目、文摘和全文信息。OCLC 是一个非营利机构，是全球第一个利用互联网实现资源共享的最大的图书馆合作机构，向全球 112 个国家或地区 70 000 所图书馆提供服务，如图 4-1 所示。

OCLC 的产品和服务

Accessions List	入藏列表	NetLibrary Databases	NetLibrary中的电子期刊与数据库
ArchiveGrid	ArchiveGrid	NetLibrary eAudiobooks	电子有声书
Batch processing	记录和馆藏维护	NetLibrary eBooks	电子书
Bibliographic record notification	书目记录通知	OCLC-MARC Record Delivery	OCLC-MARC 记录传送
CAMIO	在线艺术博物馆画像目录	Preservation Services	存档服务
Cataloging Label Program	OCLC编目标签软件	QuestionPoint	虚拟咨询
CatExpress	快速简易复制目录服务	Scanning and digitization	扫描和电子化服务
Connexion	整合编目服务	Terminologies Service	术语服务
CONTENTdm	数字馆藏管理	VDX	图书馆联盟资源共享选项服务
Contract cataloging	订约编目	Web Harvester	Web Harvester
Dewey services	杜威十进制分类法	WebJunction	WebJunction
Digital Archive	数字化文档	WorldCat	通向全世界图书馆的窗口
Digitization services	数字化服务	WorldCat Cataloging Partners	WorldCat合作编目
Electronic Collections Online	电子期刊	WorldCat Collection Analysis	WorldCat馆藏分析
Electronic Data Exchange	电子数据交换(EDX)	WorldCat Collection Sets	WorldCat 馆藏集
eSerials Holdings	电子连续出版物馆藏服务	WorldCat Link Manager	WorldCat 链接管理器
EZproxy	代理服务器服务	WorldCat Local	WorldCat Local
FirstSearch	信息第一站	WorldCat Registry	WorldCat 注册
GovDoc	政府文档记录	WorldCat Resource Sharing	WorldCat资源共享服务
Group Services	图书馆联盟服务	WorldCat Search API	WorldCat Search API
ILLiad	馆际互借管理	WorldCat Selection service	WorldCat采购服务
ISO ILL	国际标准馆际互借	WorldCat xISBN	xISBN 网页服务
Language Sets	语言集	WorldCat xISSN	xISSN 网页服务
Local holdings maintenance	本地馆藏维护	WorldCat.org	WorldCat.org
Microfilm services	缩微胶片服务	Z39.50 Cataloging	Z39.50编目

图 4-1　OCLC 的服务范围

（二）OCLC FirstSearch 基本组数据库（http：//firstsearch.oclc.org/FSIP）

FirstSearch 是 OCLC 服务体系内的联机检索服务系统。目前，通过该检索系统可获取的信息涉及的主题广泛，基本上覆盖了各个领域和学科，如图 4-2、图 4-3、图 4-4 所示。

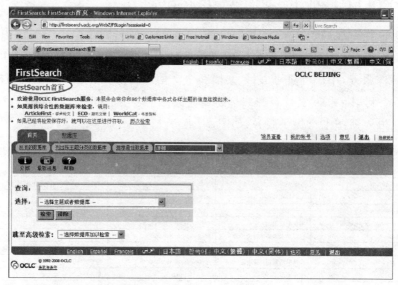

图 4-2　OCLC FirstSearch 首页

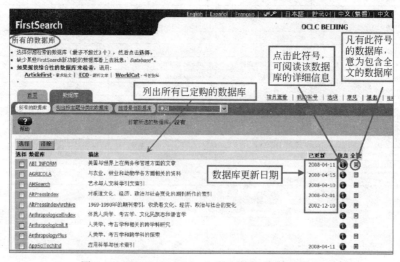

图 4-3　OCLC FirstSearch 所有数据库字顺列表

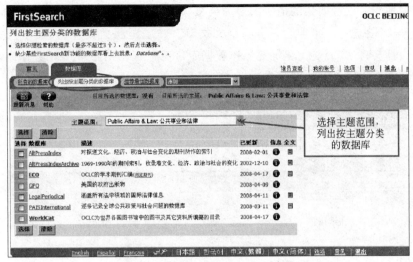

图 4-4　OCLC FirstSearch 所有数据库按主题分类列表

表 4-1 是 FirstSearch 基本数据库列表。

表 4-1　FirstSearch 基本数据库列表

数据库名称	数据库介绍
ArticleFirst	OCLC 为登载在期刊目录中的文章所作的索引
ECO	联机电子学术期刊库(部分可按篇购买)
ERIC	教育方面的期刊文章和报告
Worldcat Dissertations	WorldCat 中所有硕士和博士论文的数据库
MEDLINE	医学的所有领域,包括牙科和护理的文献
PapersFirst	国际学术会议论文索引
Proceedings	国际学术会议目录索引
WilsonSelectPlus*	科学、人文、教育和工商方面的全文库
WorldAlmanac	Funk & Wagnalls New Encyclopedia 及四本年鉴
WorldCat	世界范围内的图书、web 资源和其他资料的联合编目库
ClasePeriodica	在科学和人文学领域中的拉丁美洲期刊索引
e-Book	OCLC 为世界各地图书馆中的联机电子书所编纂的目录

＊表示可在线获取全文。

1. ArticleFirst ——OCLC 为登载在期刊目录中的文章所列的索引

Articlefirst 数据库包括自 1990 年以来的 16 000 多种来自世界各大出版社的期刊目次表页面上的各项内容,每一条记录都对期刊中的一篇文章、新闻故事、信件和其他内容进行描述,并且提供收藏该期刊的图书馆名单,这些图书馆都拥有刊登大多数项目的期刊。这些期刊的语言大多为英文，同时也有部分为其他语种。目前，该库有 2 300 多万条记录，包括近一半的全文文章。其主题涵盖商业、人文学、医学、科学、技术、社会科学、大众文化等等。该数据库每天更新。ArticleFirst 数据库基本检索界面和高级检索界面如图 4-5、图 4-6 所示。

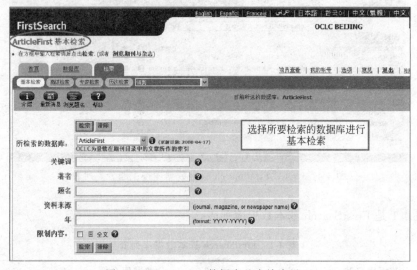

图 4-5　ArticleFirst 数据库基本检索界面

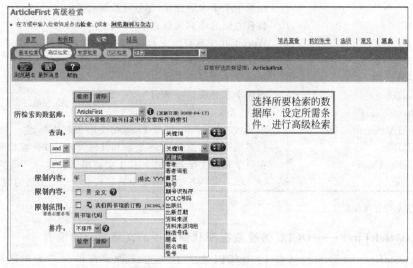

图 4-6　ArticleFirst 数据库高级检索界面

2. e-Book——OCLC 为世界各地图书馆中的联机电子书所编纂的目录

e-Book 收录了参加 WorldCat 联合编目的 OCLC 成员图书馆编目的所有电子书,其中也包括 OCLC NetLibrary 电子书。用户可以检索所有这些电子书的书目,并可链接到单位已订购且包含在 WorldCat 数据库中的电子书进行阅读。e-Book 包含目前已编目的所有电子书,共近 68 万种,涉及所有主题,涵盖所有学科,收录日期从公元前 1 000 年至今。该数据每天更新。美国 NetliBrary(http://www.netlibrary.com)位于美国科罗拉多州波尔德尔市,于 1999 年成立,是世界上向图书馆提供电子图书的主要提供商。NetLibrary 于 2002 年 1 月 25 日成为 OCLC 联机计算机图书馆中心的下属部门。目前,世界上 7 000 多个图书馆通过 NetLibrary 存取电子图书,其中包括哥伦比亚大学、斯坦福大学、加州大学伯克利分校,以及世界上其他众多的大小图书馆。

OCLC NetLibrary 目前提供 400 多家出版社出版的 60 000 多种电子图书,并且每月增加约 2 000 种。这些电子图书覆盖所有主题范畴,约 80% 的书籍是面向大学程度的读者。大多数 NetLibrary 的电子图书内容新颖,近 90% 的电子图书是 1990 年后出版的。

3. ECO-Index——OCLC 的学术期刊索引数据库

ECO(Electronic Collection Online)是一个全部带有联机电子全文的学术期刊数据库,包括文章中所有的图像和原始内容,与印刷版本完全相同,同时也包括所有期刊的书目信息。用户在该库中能查看到所有电子期刊的书目信息、文摘以及自己图书馆所订购全部期刊的全文文章,或者按篇付费阅读没有订购的期刊中的全文文章。资源来自世界主要各大出版社,如 Alliance Communications Group,American Meteorological Society,ASTM International,Blackwell Publishing,The British Psychological Society,Cambridge University Press,Emerald,等等。

ECO 数据库收录了自 1995 年以来世界上 70 多家出版社的 6 800 多种期刊,总计 360 多万篇电子文章,几乎涉及所有学科,主要有农业、商业、科学、技术、文学、医学、宗教、哲学、语言、法律、政治学、心理学、社会学、经济学、教育学、地理学、历史学、人类学、美术以及图书馆学等。

OCLC 确保期刊内容强大档案权利(帮助图书馆节省管理期刊型馆藏成本),保证图书馆通过联机电子期刊馆藏持续访问已订购的期刊,并且图书馆保留对已付费刊号访问的权利——即使停止订购这些期刊。该数据库每月更新一次。

4. ERIC——以教育为主题的期刊文章及报道

ERIC 是由美国教育资源信息中心整理的已出版的和未出版的教育方面文献的

一个指南，涵盖数千个教育专题，提供了最完备的教育书刊的书目信息，包括对发表在 Resources in Education（RIE）月刊上的非期刊资料与每个月发表在 Current Index to Journals in Education（CIJE）上的期刊文章的注释参考，涵盖了从 1966 年到现在的有关教育方面的几乎所有资料，如图 4-7 所示。

图 4-7　ERIC 检索结果列表

其主题有成人、职业与职业教育、评估、残疾与天才教育、小学与幼儿教育、高等教育、城市教育、教育管理、信息与技术、语言学与语音学、阅读与交流、教师与教师教育及许多其他有关教育的主题，如图 4-8、图 4-9 所示。

ERIC 收录了 600 种以上的期刊和其他资料，共有记录 120 多万条，包括一个ERIC 叙词表，可免费阅读近 24 万篇全文文章。该数据库每月更新一次。

5. PapersFirst——OCLC 为在世界各地会议上发表的论文所编撰的索引

该数据库是一部在世界范围召开的大会、座谈会、博览会、研讨会、专业会、学术报告会上发表的论文的索引，涵盖了自 1993 年以来所有在英国图书馆文献供应中心发表过的研讨会、大会、博览会、研究讲习会和会议的资料，共有 650 多万条记录，所包含的主题就是在所报道的会议中讨论的种种主题，可通过馆际互借获取全文。

6. Proceedings——OCLC 为世界各地的会议录所编撰的索引

Proceedings 是 PapersFirst 的相关库，涵盖了从 1993 年以来所有在英国图书馆文献供应中心的发表过的研讨会、大会、博览会、研究讲习会和会议的资料，而且每条

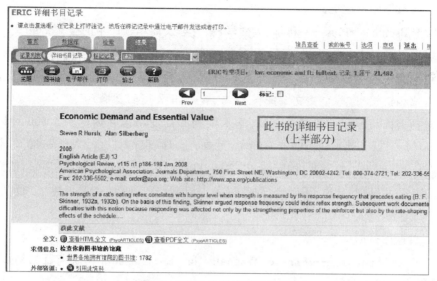

图 4-8 ERIC 检索结果详细书目

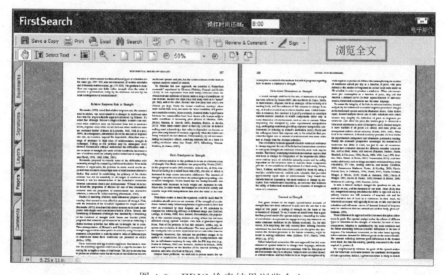

图 4-9 ERIC 检索结果浏览全文

记录都包含一份在各次大会上所呈交的文件的清单，从而提供了各次活动的一个概貌，共有近 20 万条记录，所包含的主题主要有会议记录、会议、讨论会、大会、展览和工作场所。

与 PapersFirst 不同的是，此数据库以会议名称排序，如何年、何会、何人、发表何论文。该数据库每周更新两次。

7. WilsonSelectPlus——科学、人文学、教育学及商学领域中的全文文章

提供经过标引和摘要的记录，附有全文期刊文章，其中有很多与 FirstSearch 其他的数据库中的引文相链接，是一个联机全文、索引和摘要信息的集合。所有记录与全文文章相链接，这些全文文章选自 H. W. Wilson 公司的文摘，涵盖了从 1994 年至今的包括美国与国际上的专业刊物、学术期刊和商业杂志在内的约 2 500 种期刊，150 多万条记录。其主题范畴非常庞大，主要有会计、保健、广告、人类资源、艺术、保险、审计、国际贸易、银行业、国际潮流、广播、投资分析、计算机管理、经济学、销售、教育、工程、公共管理、环境、不动产、财政税务、外国投资、通信、一般兴趣、交通以及普通科学等。

该数据库每周更新一次，并不断增加新的期刊。

8. WorldAlmanac——Funk & Wagnalls New Encyclopedia（芬克与瓦格纳百科全书）及 4 本世界年鉴

该数据库资源主要来自：

(1) Funk & Wagnall's New Encyclopedia；

(2) The World Almanac and Book of Facts；

(3) The World Almanac of the U.S.A.；

(4) The World Almanac of U.S. Politics；

(5) The World Almanac for Kids。

它包括传记、百科全书款目、事实与统计资料，为学生、图书馆用户、图书馆参考部门的工作人员，同样也为学者，提供最根本的参考资料来源，是适用于包括学生、图书馆的读者、图书馆的参考咨询人员和学者等几乎所有人的一个十分重要的参考工具。涉及的范畴包括艺术、娱乐、新闻人物、计算机、科学和技术、经济学、体育运动、环境、税收、周年纪念日、美国的城市和州、国防、人口统计、世界上的国家及许多其他的主题，涵盖了自 1998 年到现在的资料，有记录 32 000 多条，可以联机获取包括全部内容的完整记录。该数据库每年更新一次。

9. WorldCat——OCLC 为世界各国图书馆中的图书及其他资料所编撰的目录

WorldCat 是 OCLC 一个联机的联合目录数据库，也是世界上最大的书目记录数据库，包含 OCLC 成员图书馆编目的所有记录，可以为图书馆提供数以百万计的书目记录。从 1971 年建库到目前为止，共收录有 470 多种语言总计达 14 亿条的馆藏记录、1.4 亿条独一无二的书目记录，其中包括 800 多万条硕博士论文书目记录，每

个记录中还带有馆藏信息，基本上反映了从公元前 1000 多年至今世界范围内的图书馆所拥有的图书和其他资料，代表了 4 000 年来人类知识的结晶。其主题范畴非常广泛，包括图书、手稿、地图、网址与网络资源、乐谱、计算机程序、电影与幻灯、录音录像带、报纸、期刊与杂志、文章、章节以及文件，等等。该数据库信息平均每 10 秒更新一次。

10. WorldCat Dissertations——WorldCat 中所有硕士和博士论文的数据库

该数据库收集了 OCLC WorldCat 中所有的博硕士论文和已出版的以 OCLC 成员编目的论文为基础的资料，涉及所有学科，涵盖所有主题。该数据库最突出的特点是其资源均来自世界一流图书馆，如美国的哈佛、耶鲁、斯坦福、麻省理工、哥伦比亚、杜克、西北以及欧洲的剑桥、牛津、帝国理工、欧洲工商管理学院、巴黎大学、柏林大学，等等，收录了文、理、工、农、医等所有领域的博士、硕士论文，共有记录 800 多万条。从数据库高级检索的"互联网资源"中，可获得近 20% 约 100 多万篇的全文论文，可免费下载，是学术研究中十分重要的参考资料，如图 4-10 所示。此数据库每天更新。

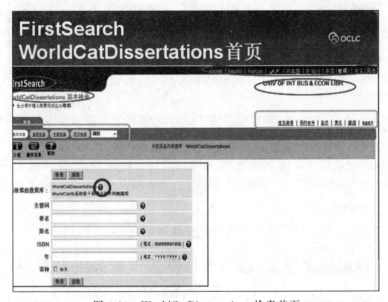

图 4-10　WorldCatDissertations 检索首页

该数据库获取博士、硕士论文的具体方法是，选择"高级检索"方式，输入检索词的同时，在"限制类型"一栏选择"互联网资源"。返回的检索结果都带有 URL，其中较多是可免费获取全文的。由于 WorldCat 硕博士论文数据库的全文链接主要来自国外高校自建的硕士、博士论文数据库和学协会自建的机构知识库等，所以一般能免费获取全文的 URL 都包含 EDU、ORG、PDF 等字样。值得注意的，WorldCat 硕士、博士论文数据库的每篇论文都提供收藏该论文的图书馆清单，用户可通过国家图书馆采取馆际互借方式获取全文，如图 4-11。

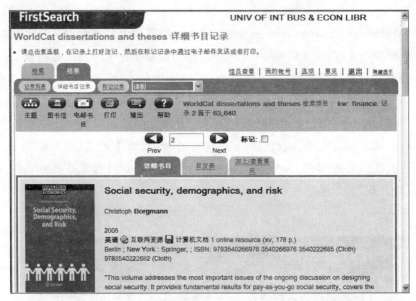

图 4-11　WorldCat dissertations 数据库——检索出的博士、硕士论文书目信息

WorldCat dissertations 数据库有简单检索、高级检索和专家检索三种检索方式。

简单检索如图 4-12 所示。

高级检索是通过设定检索条件，对关键词进行逻辑运算，选择文献语种、文献类型，限制用户和文献格式等子类等方式来提高检索效率，如图 4-13 至图 4-17 所示。

专家检索如图 4-18 所示。

历次检索记录可以保存到用户的个性化账号中，如图 4-20 所示。

二、综合课题论文全文（以万方数据知识服务平台为例）

（一）万方数据平台简介

万方数据知识服务平台是国内最早从事信息内容服务的股份制高新技术企业。它依托中国信息技术研究所，目前已经发展成为以提供信息资源产品为基础，同时集信息内容管理解决方案与知识服务为一体的综合信息内容服务提供商。万方数据在

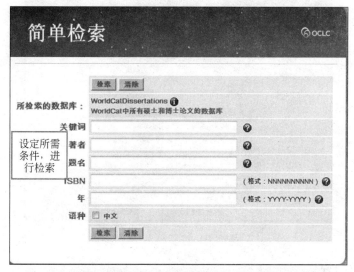

图 4-12　WorldCatDissertations 简单检索

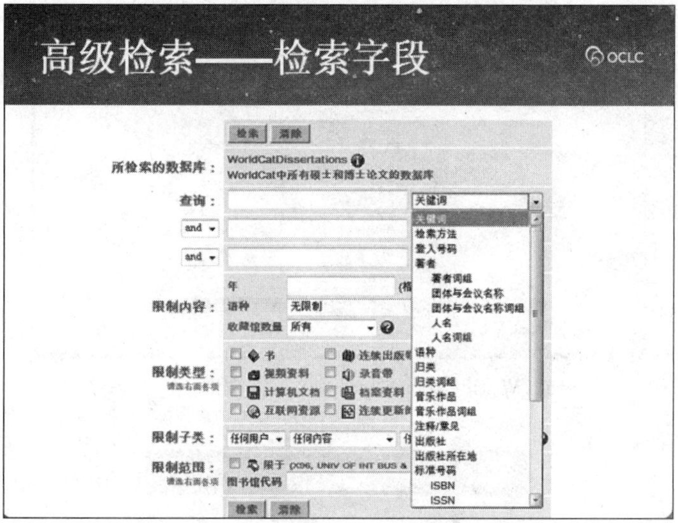

图 4-13　WorldCatDissertations 高级检索——关键词检索字段限定

内容上将学术期刊、学位论文、学术会议论文、外文文献、科技成果、中外专利、法规等学术知识资源一网打尽;在服务上细致加工、权威处理,不断增加知识资源价值,提供博文、OA 论文整合导航服务。

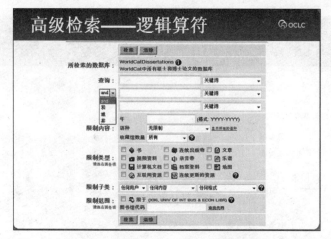

图 4-14　WorldCatDissertations 高级检索——布尔逻辑算符

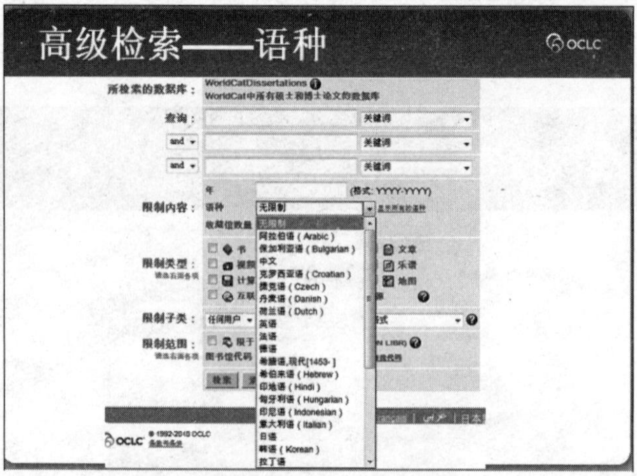

图 4-15　WorldCatDissertations 高级检索——语种选择

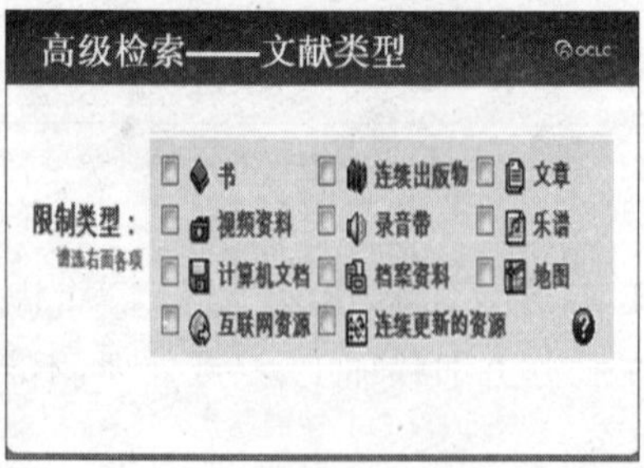

图 4-16　WorldCatDissertations 高级检索——文献类型选择

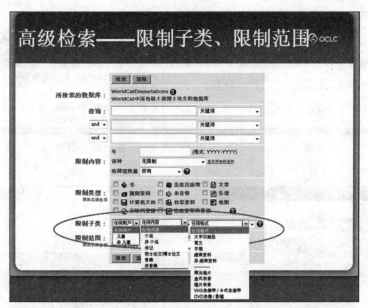

图 4-17 WorldCatDissertations 高级检索——限制子类（用户、格式等）

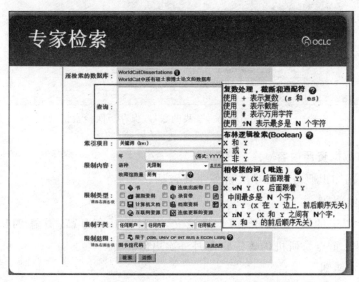

图 4-18 WorldCatDissertations 专家检索的语言和规则说明

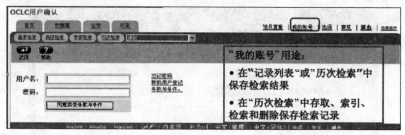

图 4-19　FirstSearch 个性化服务——我的账号用途

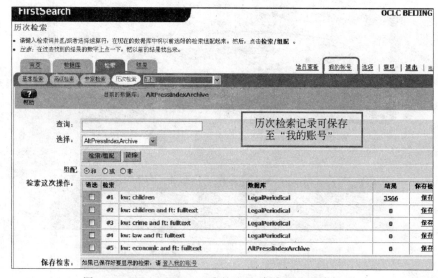

图 4-20　FirstSearch——我的账号（保存历次检索记录）

1. 万方数据资源内容

万方数据知识服务平台全文资源主要包括：

（1）学位论文

1980 年以来的硕士、博士、博士后论文，总量 160 余万篇，覆盖 211 工程院校、985 工程院校、重点科研机构等。它每月一次更新。

（2）学术期刊

1998 年以来的 6 000 余种国内刊物，总量 1 600 余万篇，核心刊物占绝大多数，独家期刊覆盖诸多学科专业。它每周两次更新。

（3）会议论文

1985 年以来的主要协会和学会主办的会议论文，总量 150 余万篇，以一级学会、一级协会为主要收录对象。它每月一次更新，如图 4-21、图 4-22 所示。

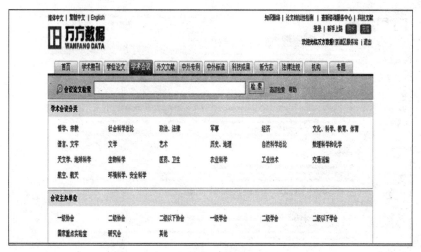

图 4-21　万方数据学术会议检索界面

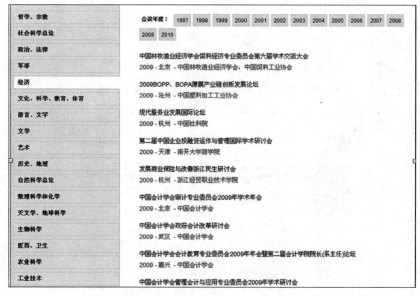

图 4-22　万方数据学术会议——经济学会议

（4）NSTL 外文文献

拥有科技外文期刊 15 500 多种，占国内采集国外科技期刊品种数的 60% 以上；外文会议录等文献 5 700 多种，是我国收集外文印本科技文献最多的机构。它每月更新一次，如图 4-23 所示。

图 4-23　万方数据 NSTL 外文文献

（5）其他资源

除了上述资源，万方数据还包括中外专利标准、科技成果、法律和法规、新方志、机构信息（名录）、OA 论文、学者博文等，如图 4-24、图 4-25、图 4-26、图 4-27 所示。

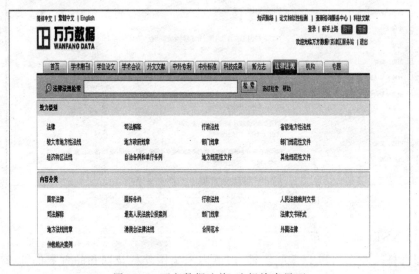

图 4-24　万方数据法律、法规检索界面

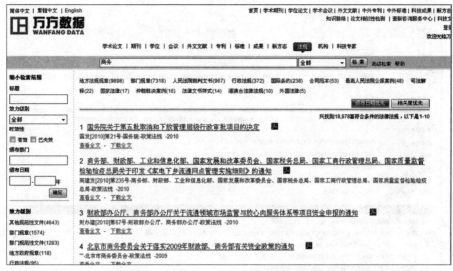

图 4-25　万方数据法律、法规——商务法规

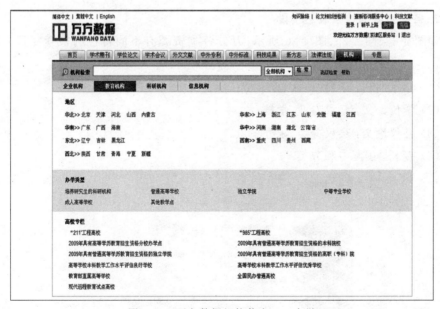

图 4-26　万方数据机构信息——大学

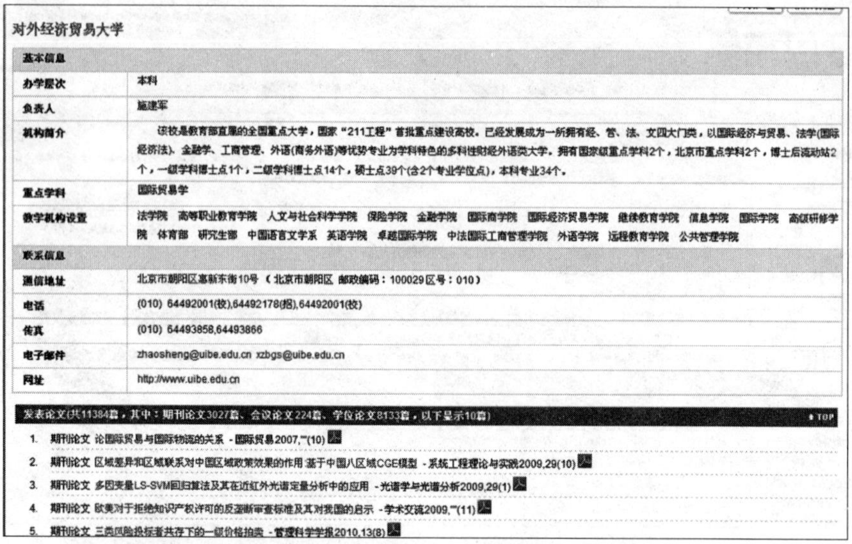

对外经济贸易大学

基本信息	
办学层次	本科
负责人	施建军
机构简介	该校是教育部直属的全国重点大学,国家“211工程”首批重点建设高校。已经发展成为一所拥有经、管、法、文四大门类,以国际经济与贸易、法学(国际经济法)、金融学、工商管理、外语(商务外语)等优势专业为学科特色的多科性财经外语类大学。拥有国家级重点学科2个,北京市重点学科2个,博士后流动站2个,一级学科博士点1个,二级学科博士点14个,硕士点39个(含2个专业学位点),本科专业34个。
重点学科	国际贸易学
教学机构设置	法学院 高等职业教育学院 人文与社会科学学院 保险学院 金融学院 国际商学院 国际经济贸易学院 继续教育学院 信息学院 国际学院 高级研修学院 体育部 研究生部 中国语言文学系 英语学院 卓越国际学院 中法国际工商管理学院 外语学院 远程教育学院 公共管理学院
联系信息	
通信地址	北京市朝阳区惠新东街10号(北京市朝阳区 邮政编码:100029区号:010)
电话	(010) 64492001(校),64492178(招),64492001(校)
传真	(010) 64493858,64493866
电子邮件	zhaosheng@uibe.edu.cn xzbgs@uibe.edu.cn
网址	http://www.uibe.edu.cn

发表论文(共11384篇,其中:期刊论文3027篇、会议论文224篇、学位论文8133篇,以下显示10篇) TOP

1. 期刊论文 论国际贸易与国际物流的关系 - 国际贸易2007,""(10)
2. 期刊论文 区域差异和区域联系对中国区域政策效果的作用:基于中国八区域CGE模型 - 系统工程理论与实践2009,29(10)
3. 期刊论文 多因变量LS-SVM回归算法及其在近红外光谱定量分析中的应用 - 光谱学与光谱分析2009,29(1)
4. 期刊论文 欧美对于拒绝知识产权许可的反垄断审查标准及其对我国的启示 - 学术交流2009,""(11)
5. 期刊论文 三类风险投标者共存下的一级价格拍卖 - 管理科学学报2010,13(8)

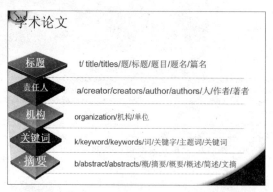

图 4-27 万方数据机构基本信息

2. 各类资源的检索表达字段

如图 4-28、图 4-29、图 4-30 所示,万方各类资源有不同特色的检索字段,主要包括:

(1) 学术期刊:学科、地区、首字母;

(2) 学位论文:学科专业、学校;

(3) 会议论文:会议分类、主办单位;

(4) 专利:国际专利分类;

图 4-28 万方数据学术论文检索字段说明

（5）科技成果：行业、学科、地区；

（6）标准：标准分类；

（7）法规：效力级别、内容分类；

（8）专题：最新热点专题。

法律、法规	
字段名称	可用表达字段
标题	Title/标题/名称/name/题名/t
颁布部门	颁布部门/iu/issuedepartment/issueunit
终审法院	终审法院/fc/finalcourt
内容分类	分类/内容分类/cc/contentclass
行业分类	行业代码/行业分类/tc/tradec·

图 4-29 万方数据法律、法规检索字段说明

科技成果	
字段名称	可用表达字段
名称	Title/成果名称/名称/name
关键词	keywords/keyword/关键词
摘要	Abstract/摘要/简介
完成单位	Organization/完成单位
完成人	Creator/author/完成人/作者

图 4-30 万方数据科技成果检索字段

（二）万方数据的检索利用

万方数据的知识服务流程如图 4-31 所示。

1. 利用知识脉络分析工具帮助选题

社科课题选题阶段，可以借助万方数据知识脉络分析系统来厘清课题知识脉络，激发创新灵感。

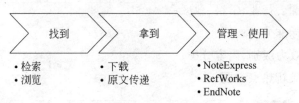

图 4-31　万方数据知识服务导航

　　万方数据知识脉络分析系统基于海量信息资源，以上千万条数据为基础，以主题词为核心，统计分析所发表论文的知识点和知识点的共现关系，并提供多个知识点的对比分析。其具体表现在体现知识点演变及趋势；体现知识点在不同时间的关注度；体现知识点随时间变化的演化关系；发现知识点之间交叉、融合的演变关系及新的研究方向、趋势和热点。例如，关于"电子商务"的知识脉络分析（如图 4-32 所示）。

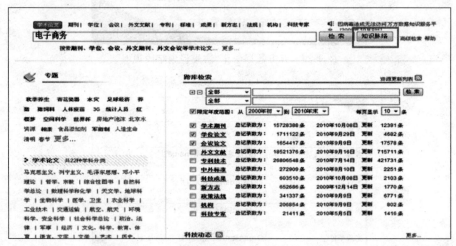

图 4-32　"电子商务"的知识脉络研究

　　其中"共现"反映了同年度的与"电子商务"共同出现最多的关键词及共同出现次数；"热词"反映了在"电子商务"不同年度的不同研究热点；"新词"则反映了"电子商务"在不同年度的共同出现的新词——反映和"电子商务"相关的新概念或研究新方向。万方知识概念的比较分析功能则是对与"电子商务"有关的多个概念研究趋势的对比分析，如图 4-33、图 4-34 所示。

2. 利用多层次检索功能查找文献

　　万方数据知识服务平台的检索方式主要有一框式检索（简单检索）、高级检索、经典检索和专业检索等。其中，高级检索功能和经典检索功能主要适用于普通用户；而

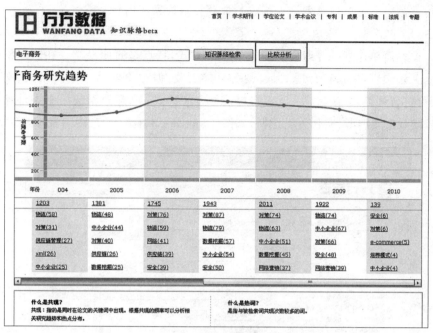

图 4-33　有关"电子商务"知识点的比较分析

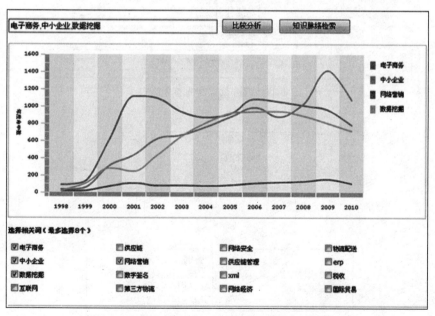

图 4-34　"电子商务"相关词的知识脉络分析曲线图

专业检索是供图书馆信息咨询人员进行课题查新检索使用。

（1）简单检索

一框式简单检索是普通用户习惯的检索方式，特点是简便易学。在跨库检索框中输入关键词后，如果有合适文献，则可直接下载；但如检索结果范围太大、文献太多，则可进行调整，方法包括：①直接修改检索表达式；②通过给定检索条件缩小范围；③按照论文类型、期刊分类选择，如图4-35、图4-36、图4-37、图4-38所示。

图4-35　万方数据跨库检索入口

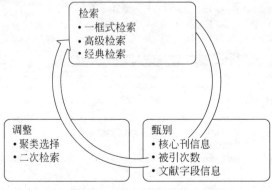

图4-36　利用万方数据平台检索文献的流程

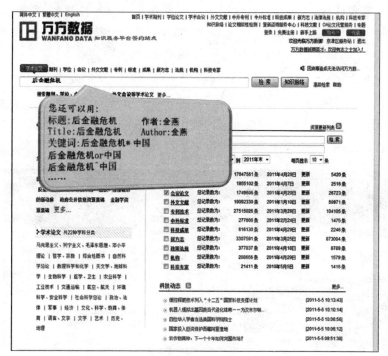

图 4-37　万方数据一框式简单检索界面

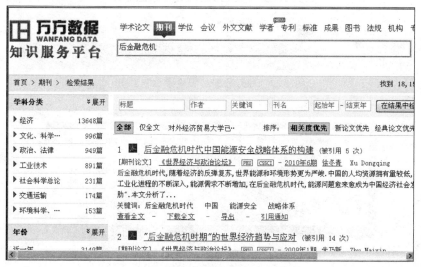

图 4-38　万方数据基本检索的结果显示

调整检索条件后,要再次对检索结果进行甄别。可以通过题名、文摘信息、关键词、刊名、被引次数、核心刊信息(PKU 北大、SCI 科学引文索引、EI 工程索引、ISTIC 中信所、CSSCI 南京大学中文社会科学引文索引)等内容进行甄别。

(2) 高级检索

高级检索的功能是在指定的范围内,直接通过限定一些检索条件,输入相应关键词检索,可限定年份、文献类型,也可通过被引次数和排序找到更符合自己要求的文章。高级检索的优点是检索性能强、查准率更高,如图 4-39、图 4-40 所示。

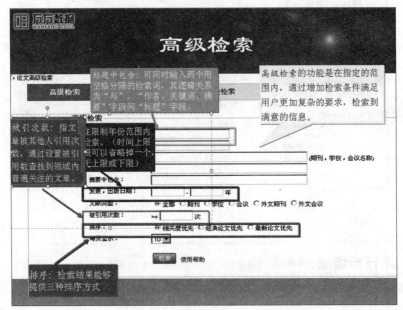

图 4-39　万方数据高级检索功能说明

图 4-40　万方数据期刊论文的文摘页面示例

它包括:①用布尔逻辑算符限定关键字,如在标题中"包含"——可同时输入两个用空格分隔的检索词,其逻辑关系为"与"("作者、关键词、摘要"字段同"标题"字段);②限制年份范围内进行检索(时间上限和下限可以省略掉一个,表示无上限或下限);③通过设置被引用数查找领域内普遍关注的文章(被引次数:指文章被其他人引用次数);④对检索结果排序(提供相关度优先、经典论文优先、最新论优先这三种排序方式)。

3. 检索结果的获取、保存和整理

(1) 直接下载

万方平台上有全文的资源,直接单击 PDF 图标,或查看全文,或进入文摘页面下载。

如果需要查看检索结果中某篇文章作者的期刊论文、学位论文、专利、成果等信息,可单击查看文摘页中作者的链接,其中,第一部分包括摘要、作者、刊名、作者单位、关键词,等等;第二部分为参考文献;第三部分为相似文献;第四部分为相关博文(作者的博客);第五部分为引证文献。其右侧为相关词、相关专家、相关机构的链接导航,如图 4-41 所示。

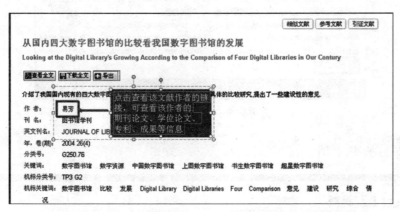

图 4-41　万方数据检索——文献作者的链接示例

查询某作者发表的各类论文资料,也可以直接在学术论文跨库平台的检索框中直接输入作者姓名进行检索,如图 4-42 所示。

(2) 原文传递

遇到检索结果在万方数据库中没有全文的,如外文文献,可通过万方数据与中信所合作,通过邮件的方式获取全文。其操作步骤如下,单击"请求原文传递"按钮,如图 4-43 所示。

进入到以下页面,输入邮箱地址和验证码,单击"请求获取文献原文"按钮,之后

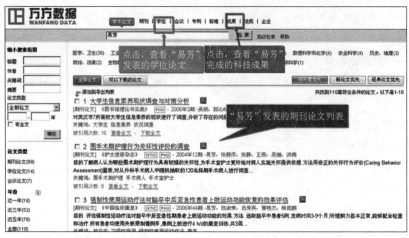

图 4-42　万方数据检索——文献作者的检索示例

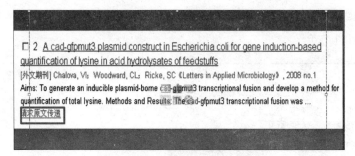

图 4-43　万方数据获取原文之一——原文传递

会收到一封邮件，如图 4-44 所示。

图 4-44　万方数据获取原文之二——文献传递申请

下面是邮件内容的截图,如图 4-45 所示。

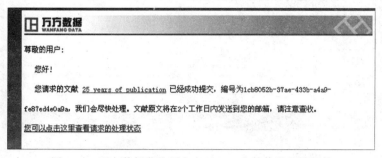

图 4-45 万方数据获取原文之三——文献传递反馈邮件

(3) OA 原文链接

还有一部分文章,万方数据库和中信所都没有全文,还有其他的组织为万方提供原文阅读链接。例如,输入检索词 CAD,进入检索结果列表,单击左侧的 OA (OpenAccess)论文,进入以下页面,如图 4-46、如图 4-47。

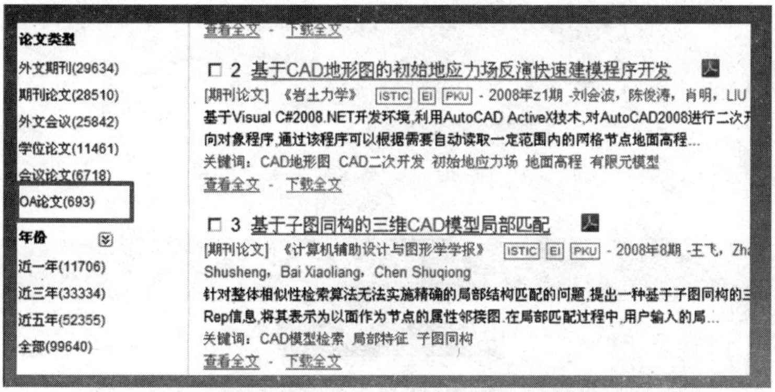

图 4-46 万方数据获取原文之四——OA 论文链接

为万方数据知识服务平台提供 OpenAccess 期刊论文链接开放存取的组织有 arXiv.org 、DOAJ 和 PubMed 等。

(4) 保存和整理

通过前述的三种方法获得全文以后,就可以对这些文献进行保存和整理。

在检索结果页面,每个文章题目左边都有勾选框,选中之后,页面下方会提示选择的记录条数,单击"导出"按钮;也可在文摘页面进行导出。选择导出格式进行导出,在导出列表可以对所选文献进行删除,如图 4-48、图 4-49 所示。

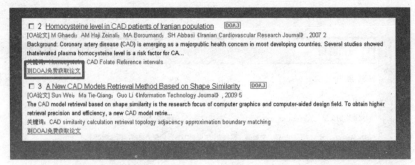

图 4-47　万方数据获取原文之五——DOAJ 提供免费 OA 论文链接

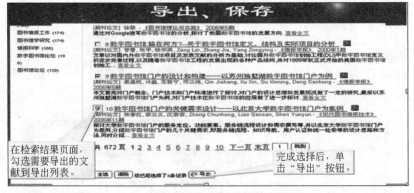

图 4-48　万方数据——对检索结果导出和保存

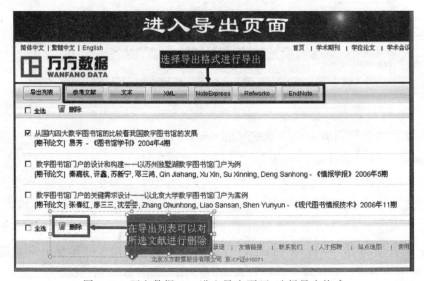

图 4-49　万方数据——进入导出页面，选择导出格式

万方数据平台与各种个人文献管理工具集成和兼容,用户可选择多种导出格式,保存为多种格式,如参考文献格式、NoteExpress 格式、Endnote 格式等。导出 NoteExpress 格式文摘信息,如图 4-50 所示。

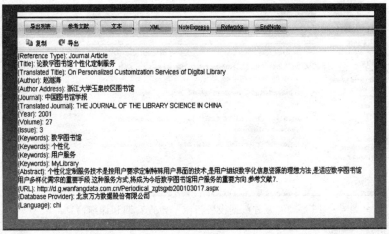

图 4-50　万方数据文献管理——"NoteExpress"格式文摘信息导出示例

4. 投稿指南

如果要给万方数据中的核心期刊投稿,可以查询相应学术期刊中的核心期刊目录浏览和选择。例如,经济财经类的核心刊目录,如图 4-51、图 4-52 所示。

图 4-51　万方数据论文投稿——经济财经类核心期刊目录

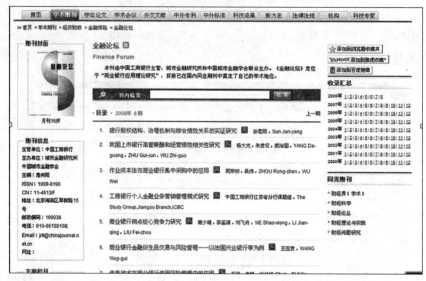

图 4-52　万方数据投稿指南——查看期刊详细信息

5. 万方数据平台的其他服务

万方数据还提供多角度的知识服务，包括查新咨询平台、论文相似性检测、论文引用通知、学术专题服务等，如图 4-53 所示。

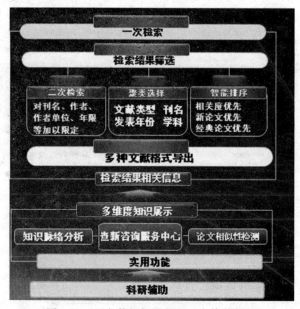

图 4-53　万方数据知识服务平台体系架构

（1）查新咨询平台

社科课题研究中，用户也可以求助于图书馆参考咨询人员，通过万方专业检索以及辅助分析工具，对查新点的新颖性进行查证，如图4-54所示。

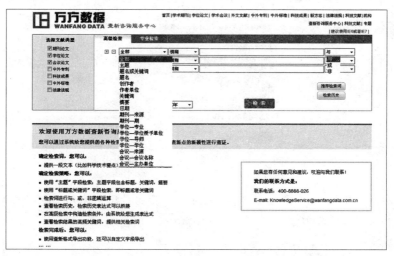

图4-54　万方查新咨询服务平台——专业检索入口

专业检索说明如下：

首先，确定检索词，可以提供一段文本（比如科学技术要点），由系统推荐检索词。其次，确定检索策略，可以以"主题"字段检索（包含标题、关键词、摘要），使用标题或关键词字段检索，即以标题或者关键词进行与、或、非逻辑运算；可以查看检索历史，检索历史表达式；可以拼接查看检索结果的高频关键词，提供相关检索词；检索完成后可以使用查新格式导出功能，还可以自定义字段导出，检索表达式增强，导出格式多样，如图4-55、图4-56所示。

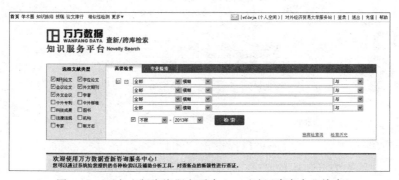

图4-55　万方查新咨询服务平台——查新/跨库专业检索

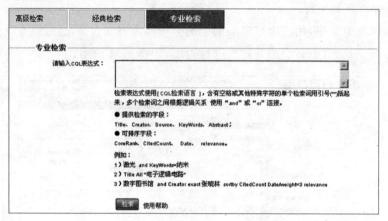

图 4-56　万方查新咨询平台——专业检索语言

专业检索示例——"信息素养教育与思维导图"和结果导出示例如图 4-57、图 4-58、图 4-59、图 4-60 所示。

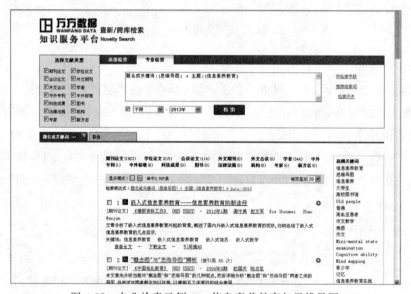

图 4-57　专业检索示例——信息素养教育与思维导图

（2）论文相似性检测

万方数据知识服务平台还可以提供论文相似性检测，其检测范围包括学术期刊数据库 1985 年来公开出版的 7 000 余种学术期刊，近 2 000 万篇期刊论文，涵盖各学

图 4-58 专业检索结果导出为参考文献格式

图 4-59 专业检索结果导出为 NoteExpress 格式

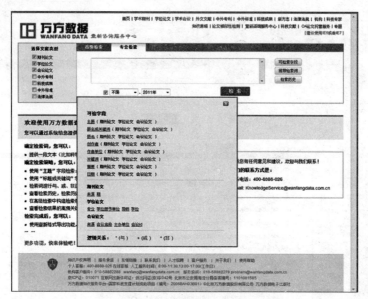

图 4-60　万方数据专业检索可检字段

科领域；学位论文数据库中国主要高校硕士、博士、博士后论文等 180 余万篇学位论文。检测内容针对检测待检论文的文本内容，不包含英文、图片、图表、公式等，如图 4-61、图 4-62 所示。

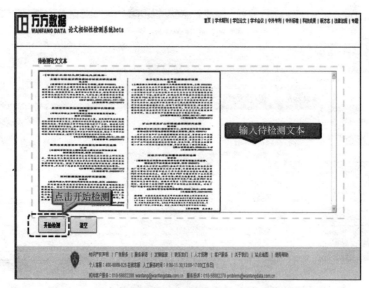

图 4-61　万方数据论文相似性检索——输入待检测论文

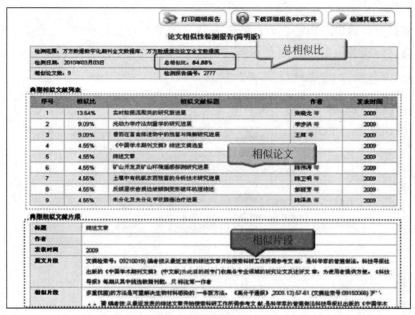

图 4-62 万方数据论文相似性检索——论文相似性检测报告

（3）订阅论文引用通知

通过 Email 和 RSS 订阅论文的被引情况，了解关于自己的选题后续研究的动态，如图 4-63 所示。

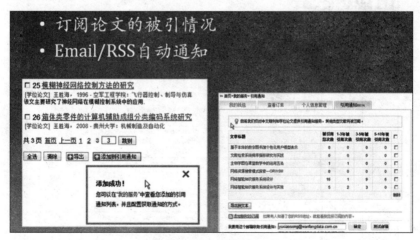

图 4-63 万方数据订阅论文被引用情况的示例

（4）专题服务——学术统计分析报告

万方数据还提供一项特色的专题服务——学术统计分析报告，它有助于把握各年度社会科学高关注度研究热点和新兴研究概况。例如，2011 年，社会科学研究高关注度、高上升趋势、高下降趋势、新兴研究分析报告，见图 4-64 和图 4-65。

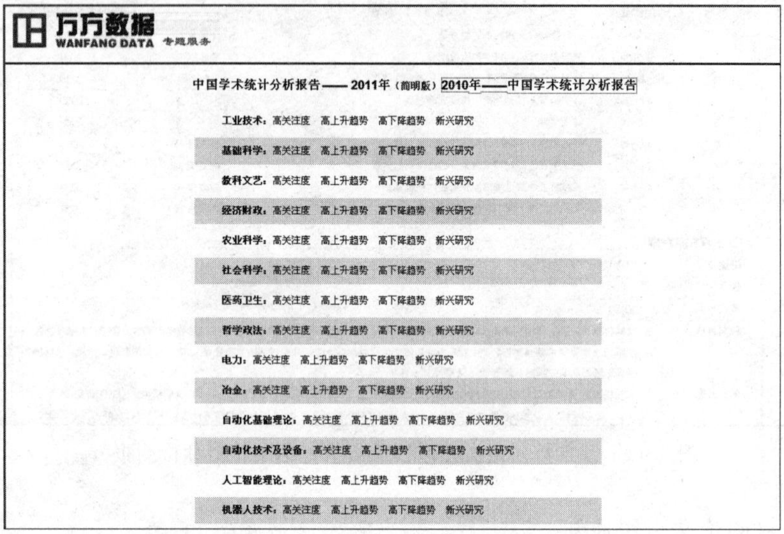

图 4-64 中国学术统计分析报告——社会科学高关注度和新兴研究

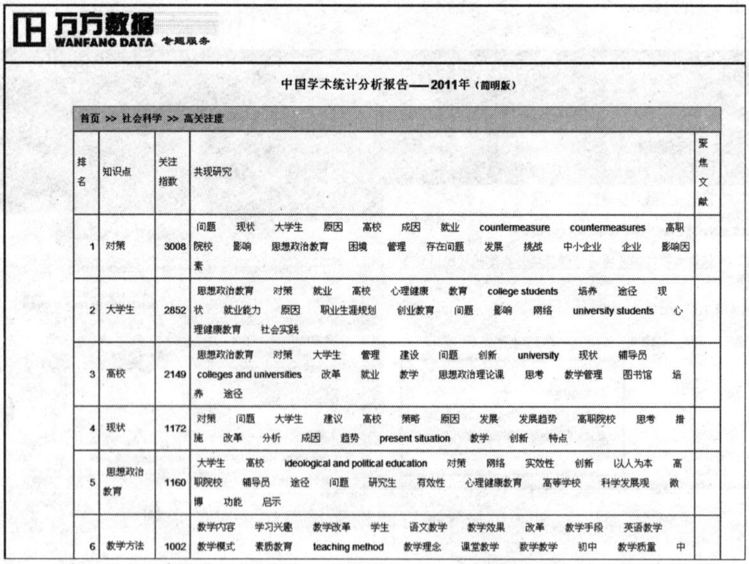

排名	知识点	关注指数	共现研究	聚焦文献
1	对策	3008	问题 现状 大学生 原因 高校 成因 就业 countermeasure countermeasures 高职院校 影响 思想政治教育 困境 管理 存在问题 发展 挑战 中小企业 企业 影响因素	
2	大学生	2852	思想政治教育 对策 就业 高校 心理健康 教育 college students 培养 途径 现状 就业能力 原因 职业生涯规划 创业教育 问题 影响 网络 university students 心理健康教育 社会实践	
3	高校	2149	思想政治教育 对策 大学生 管理 建设 问题 创新 university 现状 辅导员 colleges and universities 改革 就业 教学 思想政治理论课 思考 教学管理 图书馆 培养 途径	
4	现状	1172	对策 问题 大学生 建议 高校 策略 原因 发展 发展趋势 高职院校 思考 措施 改革 分析 成因 趋势 present situation 教学 创新 特点	
5	思想政治教育	1160	大学生 高校 ideological and political education 对策 网络 实效性 创新 以人为本 高职院校 辅导员 途径 问题 研究生 有效性 心理健康教育 高等学校 科学发展观 微博 功能 启示	
6	教学方法	1002	教学内容 学习兴趣 教学改革 学生 语文教学 教学效果 改革 教学手段 英语教学 教学模式 素质教育 teaching method 教学理念 课堂教学 数学教学 初中 教学质量 中	

图 4-65 2011 年社会科学高关注度研究知识点排名

第二节 专业数据库和社科专题检索

一、法律专题（以 Westlaw 数据库检索为例）

（一）Westlaw 数据库（英文）

Westlaw 是国际领先的法律检索平台，发布于 1975 年，是目前世界最大的法律专业使用平台。它集合汤姆森法律、法规集团旗下 28 家出版公司，共同推出包括美国、英国、澳大利亚、加拿大、欧盟、中国香港地区等在内的资料库，真正实现全球化。目前，该资料库具有 32 000 多个子数据库，并且提供实时更新。最久可回溯到 18 世纪的有关材料。

Westlaw 是多学科、多领域的资料库。目前其涉及的范围涵盖了包括仲裁与国际诉讼、银行与金融、破产与无力还债、公司与商业、保险、税收、知识产权、国际组织、证券投资、劳动与社会保障、卫生医疗在内的 30 多个学科，广泛地被我国大学中的法律、经济管理、社会学、金融学、新闻等科系使用，并收到良好的效果。

Westlaw 覆盖几乎所有的法律学科，数据库内容的更新速度最快可达每 10 分钟一次。除了法律期刊外，它还涵盖了经济、管理、商业、金融、证券、保险、社会学、心理学、人类学、教育学等近千种外文社会科学类核心期刊（依最新 SSCI 收录期刊）。目前，它共收录学术期刊和商业杂志达到 11 000 余种，其中 80％全文率。

1. Westlaw 主要资源

（1）法学期刊。1 600 余种法学期刊覆盖了当今 80％以上的英文核心期刊。汤森路透法律信息集团在自己出版诸多法律期刊的基础上，还收录大量知名的国际法律期刊，如 Harvard Law Review［1949（第 63 卷）至今］、Yale Law Journal［1891 年（第 1 卷）至今］、Stanford Law Review［1947 年（第 1 卷）至今］、Columbia Law Review、Criminal Law Review、Hong Kong Law Journal 等多种法律专业全文期刊。此外，还包括 300 多种法律通讯（Legal Newsletter）和法律新闻（Legal News），如 New York Law Journal、American Lawyer 和 Criminal Law News，帮助法律专业人士更多、更快地获取学界最新动态。此外，它也出版一些社会科学其他学科期刊。

（2）法律、法规。它包括国际仲裁——各国仲裁院仲裁规则条款和部分判决；国际知识产权——德温特（Derwent）专利检索服务，商标检视 TRADEMARKSCAN ® 提供最新的知识产权信息；欧盟法——欧洲出版商 ELLIS 提供，其为欧盟法目前最权威的法律出版商；除此以外，还收录了各国的法律条文，其中主要包括英国成文法（1267年至今）、美国联邦和州法（1789年至今）、欧盟法规（1952年至今）、中国香港地区（1997年至今）和加拿大的法律、法规。

（3）判例。汤森路透法律信息集团作为诸多国家法律报告官方授权出版者，收录了美国联邦和州判例（1658年至今）、英国（1865年至今）、欧盟（1952年至今）、澳大利亚（1903年至今）、中国香港地区（1905年至今）和加拿大（1825年至今）的所有判例。除此之外，它还提供其他国际机构的判例报告，包含国际法院、国际刑事法院（前南法院和卢旺达法庭）、世贸组织等判例报告。Westlaw是目前提供美国法院诉讼文书数量最多、范围最全的检索平台。不仅获得法院判词，同时可获得审理过程中的全部文档。

（4）法学专著、教材、词典和百科全书。Westlaw独家完整收录了法律界最为权威的法律词典——布莱克法律词典第九版（Black's Law Dictionary，9th）、《美国法律精解》（*American Law Reports*）、《美国法律大百科》（*American Jurisprudence*）、《美国法律释义续编》（Corpus Juris Secundum）、美国联邦法典注释（USCA）。Westlaw还聚集数家百年出版公司精品专著，如Couch on Insurance等权威著作。

（5）新闻、公司和商业信息。除了提供法律信息之外，它还提供包括《纽约时报》（*New York Times*）在内的新闻报道以及新闻频道的报道底稿。另外，它还包括如《福布斯》（*Forbes*）杂志、《财富》志（*Fortune*）杂志、哈佛商业评论（Harvard Business Review）、经济学人（The Economics）、商业周刊（Business Week）等经济类刊物。

2. Westlaw 检索利用

1）IP 登录和导航

一般情况下，高校用户不需要使用个人密码登录，而是直接通过校园网内部提供的途径直接进入 Westlaw（IP 登录），如图4-46所示。

Westlaw 为方便中国内地用户检索期刊和使用常用数据库，自2008年起为IP登录用户推出了期刊和常用数据库导航服务。将 Westlaw 中常用的1 500余种法学期刊（journals and law reviews）、法律简讯（legal newsletter）、法律新闻（legal news），1 000余种法学专著（treatises）以及常用数据库（包括布莱克法律词典）制作了导航表格。

高校用户在学校IP范围内，通过图书馆公布的导航表格，单击某一本期刊或者数据库旁边的超链接，例如，找到哈佛法律评论（Harvard Law Review），单的击右侧的超链接，即直接进入该刊物的检索页面。另外，从该表格还可以获取这些期刊、简

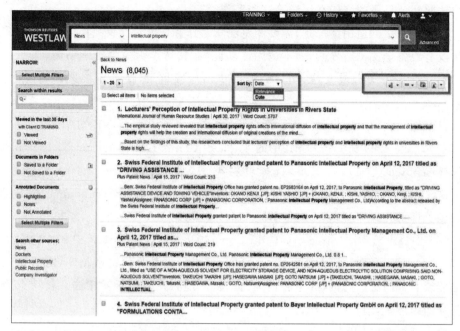

图 4-66 Westlaw 检索界面

讯、新闻和常用数据库的中文参考译名、国际期刊号、回溯时间信息。

2）Westlaw 常用检索途径

利用 Westlaw 来检索法律资料，常用的五种检索途径为引称检索法、目录浏览法、主目录检索法、数据库唤出法和钥匙码检索法。各种检索方法都有不同的适用情况和特点，用户可以根据自身的检索习惯和检索目的，选择适当的方法进行检索。

（1）引称检索法（find by citation）。引称检索法适用的情况是，通过注释等途径已经知悉欲检索的文件的引称号（citation number）。其特点为检索结果的唯一性、准确性；无须对众多结果进行筛选。

引称检索法的使用途径是，第一种是单击工具栏的 FIND 按钮，在弹出的页面左侧 Enter citation 框中输入文件的引称号；第二种是在标签页面左侧的快捷检索区的 find by citation 框中输入文件的引称号。

（2）目录浏览法（table of contents）。Westlaw 中收录了 1 000 余本法学专著（treatises），包括美国法律大百科（American Jurisprudence 2d）、美国法律释义续编（Corpus Juris Secundum），另外还有美国法律精解（American law reports）、美国法律重述（restatements of the law）等重要著作。目录浏览法（table of contents）方便

用户按照章节目录的结构在线浏览这些著作。

目录浏览法的适用情况是，需要浏览法学著作和成文法全文（注：个别专著和成文法没有设置全文浏览界面，即不适用该功能）。其特点为模拟纸本书籍，按照章节目录形式收录专著和成文法，用户只需要单击层级目录，便可直接进行阅读，无须检索。

目录浏览法的使用步骤如下：第一步，单击工具栏中的 SITE MAP；第二步，单击 Browse Westlaw International 中的 Table of Contents（Legislation & Treatises），并选择国家（如美国）；第三步，选择资料类型（如 General Secondary Sources & Forms）；第四步，选择具体的专著或者成文法（如 Corpus Juris Secundum），单击层级目录浏览即可。

（3）主目录检索法（directory）。directory 项下整合了 Westlaw 中 27 000 多个数据库，按照地域、专业和资源类型进行分区。如果不熟悉具体的数据库，需要检索某个地域或者部门法的判例、成文法、行政资料等，适合用主目录检索法。其特点为资源整合简单清晰，适合新用户。

单击工具栏的 DIRECTORY 按钮后，用户可以通过以下两种方法使用 directory：一是逐级单击数据库集合，进入某个数据库（如单击 Legal Periodicals & Current Awareness，选择进入 World Journals and Law Review 数据库）；二是在顶端的 Search the Westlaw Directory 中输入要进入的数据库的全称或者部分关键词，directory 会列出相关的数据库清单，用户再从中选择适当的数据库进入（例如，输入 Harvard law review，可以找到哈佛法律评论所在数据库；输入 WTO，可以找到世贸组织有关资料所在的数据库）。

进入一个具体的数据库后出现的检索页面上方是数据库名称和识别号，单击旁边的圆形按钮（资源介绍按钮）可以查看关于该库的内容介绍和检索技巧等。中间部分是检索框，用来输入检索指令，一般来说，有两种检索语言可用，分别是自然语言（natural language）和术语和连接符（terms and connectors）。有些特殊的数据库，如布莱克法律词典（Black's law dictionary）的检索页面还会出现第三种检索语言，即模板（template）。

自然语言（natural language）即普通英语（plain English），类似于 Google、百度中的检索语言，用户输入描述性语句或者字词，系统会按照相关度原则，给出 100 份文件。这种检索语言即通常说的简单检索，适合初级用户。

术语和连接符（terms and connectors），Westlaw 中大部分数据库检索页面预设的检索语言,是比较精确的检索语言。术语(terms)是指输入的检索词,连接符(connectors)是指连接不同的检索词,实现它们之间特定逻辑位置关系的符号。例如,检索指令 breach/s contract 中,连接符/s 表示 breach 和 contract 必须出现在同一个句子中。

还有一个重要的功能可以很大程度地缩小检索结果范围,即通过栏目(fields)限制。Westlaw 把每一份文件都系统地划分开不同栏目,在编辑检索指令时可以指定特定栏目中必须出现的关键词来获得更准确结果,例如,通过 ti("fair use"),限制每一份结果文件的标题中都必须出现"fair use"。由于各类文件的栏目划分有所不同,所以具体数据库的栏目下拉菜单中的各个栏目也会有所不同。如果需要了解各种文件的不同栏目表示何种含义,用户可以单击数据库名称右侧的资源介绍按钮。

如果觉得文件过多,可以用结果清单(result list)标签中的 Locate in Result 来过滤结果,即在现有结果中进行二次检索。此功能不能循环使用,只能使用一次。

(4) 数据库唤出法(search these databases/search for a database)。Westlaw 有27 000 多个数据库,每一个都有独特的数据库识别号(database identifier),例如:哈佛法律评论(Harvard Law Review)的数据库识别号是 HVLR,世界法学期刊大全(World journals and Law Reviews)的数据库识别号是 WORLD-JLR,用户可以直接通过快捷检索区的 search these databases 或 search for a database 输入数据库的识别号来直接唤出该数据库进行检索。

数据库唤出法的适用情况是,经常使用某个(些)数据库,已熟知该数据库的识别号或名称。其特点是快速进入某数据库的检索页面,无须从 directory 或者标签下逐级单击寻找数据库。

数据库唤出法的使用步骤如下:第一步,任意选择一个标签;第二步,在左侧的快捷检索区的 Search these databases(有的页面显示 search for a database)框中输入某个数据库的识别号或者名称(例如,输入 Blacks 或者 Black's law dictionary,唤出布莱克法律词典);第三步,单击 Go 执行。每个数据库的识别号在该库的资源介绍中有说明(该方法适用模糊检索,即不需要准确无误地输入识别号,可以只输入数据名称的关键字,如 world journals 可以唤出 World Journals and Law Reviews 数据库。Westlaw 会列出与输入的关键词有关的数据库清单供用户选择)。

如果用户通过上述第二项提示在 Westlaw 列出的数据库清单中仍未找到目标数据库,可以在 Search these databases 中输入 IDEN 唤出数据库清单(Westlaw databases list)检索页面,然后再输入目标数据库的名称关键词唤出更多数据库清单；如果要同时唤出两个或更多数据库进行跨库检索，用分号隔开多个数据库识别号或者名称即可。Westlaw 会显示一份和输入的关键词有关的数据库清单，用户可以通过每个数据库的超链接进入该库的检索页面。

（5）钥匙码检索法（key numbers）。钥匙码系统是美国法院系统和 West 公司共同研发的一套法律分类系统，将所有的法律分为 400 个法律主题（legal Topics），再逐级细分，到最底层有 10 万多个法律内容（Legal Concept），每个法律内容都有一个钥匙码对应，如 bankruptcy 对应的钥匙码是 51，avoided transfers 是 bankrupty 的一个下级内容，对应的钥匙码是 51k2782。这些不同层级的钥匙码构成了钥匙码大纲（key numbers outline）。

Westlaw 的编辑将所有收录在 Westlaw 数据库中的判例中每一个法律问题（legal issue）都提炼出来做成眉批（headnote），每一个眉批都对应一个或多个法律内容（legal concept）的钥匙码，因此，钥匙码大纲可以看作是眉批的分类系统。钥匙码大纲本身再加上眉批就构成了钥匙码文摘系统（key numbers digest system）。

钥匙码检索法通过钥匙码快速获取某一法律内容的判例，或者其他法律参考资料。适用于检索某个具体的法律领域的判例、学术专著或期刊文章。其特点是利用已有的钥匙码在某个具体的领域进行检索，结果的相关度高。但钥匙码检索法只能检索美国的相关资料。

钥匙码检索法的使用步骤（第四步骤非必选）如下：第一步，单击页面工具栏中间的 KEY NUMBERS 按钮；第二步，单击 Key Search，按照专业方向挑选文件夹，逐级单击选择法律内容（Legal Concept），进入其文摘检索页面；或者通过界面左侧 Search the list of topics and subtopics for these terms 输入某个法律内容的关键词，例如 avoided transfer，进入其文摘检索页面；第三步，选择资料类型（判例、专著和期刊文章三种可选）和管辖权；第四步，在 Add search terms 检索框中输入补充检索词；第五步，单击 Search 执行。

3）Westlaw 常用资料的检索

（1）期刊文章检索。期刊文章检索常用两类数据库。一类是综合期刊库，即集合多种期刊的综合库，如 World Journals and law reviews（WORLD-JLR）——是 Westlaw 中收录期刊最全的一个综合库，囊括全球出版的 1 000 余种法学期刊；Journals & Law Reviews（JLR）——该库包含了 Westlaw 中收录的所有美国和加拿大出版的法学期刊。另一类即单种期刊库，如哈佛法律评论（Harvard law review），耶鲁法律评论（Yale law review）。用户可以通过数据库唤出法（search theses databases)或者主目录检索法(directory)输入以上数据库的名称来快速进入其检索页面,或者通过某些绑定的标签,如 World Journals 标签中的链接进入该库。

对于单种期刊,很多用户想要检索到某刊物某一期或者某一年的全部文章,而不是某一领域的文章,就需要通过栏目(fields)做巧妙的限制来达到这个目的。例如,要检索出《哈佛法律评论》第 120 期的全部文章,其步骤如下:第一步,进入该刊物的数据库检索页面,如《哈佛法律评论》(Harvard law review);第二步,选择术语和连接符(terms and connectors)语言,在检索框中输入 ci(120＋1hvlr);第三步,单击 Search 执行。

(2) 成文法检索。Westlaw 中收录的国际条约主要以美国、欧盟为成员方的条约,以及部分英国缔结的条约。要确定某国际条约是否收录在 Westlaw 中,可以通过主目录(directory)的检索框输入该条约的名称,如 GATT。

对于美国成文法,如果已知成文法的引称号,如 35 usca 271,可以用引称检索法(find by citation),快速检索出该法。如果已知某成文法的通俗名称(popular name),如谢尔曼法案(Sarbanes Oxley Act),进入 U.S.C.A Popular Name Table (USCA-POP)数据库,选择成文法的首字母,在列出的成文法名称清单中选择即可。

如果要检索美国某个州的成文法,可以通过 Directory U.S State Materials Statues and Legislative Services Statues Annotated-Individual States& U.S. Jurisdictions,选择某个州,再进行检索。当然,也可以通过在 Directory 的检索框输入某个州的名称来唤出有关的数据库。如果要检索美国成文法中的某个部门法,如知识产权方面的法律条文,可以通过 Directory Topical Practice Areas Intellectual Property U.S. Federal Statues Federal Statues-U.S. Code (FIP-USCA)。

如果要浏览收录在 Westlaw 中的美国、英国、加拿大和中国香港的成文法,最简便的方法是通过之前介绍的目录浏览法(table of contents)。

对于欧盟、英国或者加拿大的成文法,如果已知某成文法的名称,可以通过相应数据库(EU-LEG、UK-ST、CANST-ALL)中栏目(fields)的标题(title/ti)来检索。例如,输入 ti("Fair Trading Act"),检索出名称为 Fair Trading Act 的法案。

有几类美国的法律资料是很多中国高校和政府研究者感兴趣的,包括示范法(model law),统一法(uniform law)和法律重述(restatements of law)。用户在 Westlaw 中检索这些资料时最常犯的错误是,在美国成文法数据库中进行检索,如 USCA。由于这些资料本身没有法律效力,示范法和统一法只是立法建议,法律重述则是澄清法律不准确之处,阐释"法律应该是什么样子"的资料,因此没有收录在成文法有关的数据库中。

（3）判例检索。对于美国的判例，可以通过主目录（directory）进入某个判例集的数据库，如 All Federal Cases（ALLFEDS），通过编辑检索指令，并利用栏目（fields）限制来获取相关判例（例如，可通过 SY/DI 限定摘要内容，通过 JU 限定法官姓名）。对于非美国的判例，除了通过主目录（directory）选择国家单击进入相应的判例集之外，如果已知诉讼一方当事人的名称，还可以通过单击工具栏中的 FIND 按钮，通过诉讼方名称检索。

（4）新闻检索。Westlaw 中收录了非常丰富的新闻资源，能够为立法、市场调研或者其他社会科学研究提供有价值的资料。同检索期刊文章等资料一样，新闻的检索也有多种方法，一般来说，比较常用的途径有三种。第一种是通过数据库唤出法（search these databases），唤出某个数据库，如 New York Times、South China Morning Post、ALLNEWS；第二种是通过主目录（directory）中的 News and Business，选择适当的数据库进入；第三种是通过全球新闻（Global News）标签。

新闻数据库的检索页面和法律文献资料的检索页面主要区别在于多了一个功能，即智能词（Smart Terms）。收录在 Westlaw 中的新闻文章经过编辑，文章中的叙述对象被制作索引，并分类为行业（industry）、公司（company）、主题（subject）、地点（location）。用户可以通过这四类的关键词来限制检索范围。例如，如果要检索有关索尼（SONY）的新闻，可以选择公司（Company）标签，在 Contain 后面输入"Sony"，单击"Scan"。系统会给出一份与 Sony 有关的关键词，用户可以选中有关的词，单击箭头，选中的词就会出现在右边。而出现在右边的这些词会作为检索指令的关键词。

（5）使用布莱克法律词典。Westlaw 中完整地收录了布莱克法律词典（Black's law dictionary）第九版。用户可以在线查询法律专业术语。进入布莱克法律词典的路径主要有：通过主目录（Directory）的检索框输入 Black's Law Dictionary；通过数据库唤出（Search these databases）框输入 BLACKS；通过某些标签中的超链接，如 Law School 标签就直接有该词典的链接。

其使用步骤如下：第一步，进入布莱克法律词典数据库（Blacks）；第二步，在模板（Template）语言标签下输入要查询的单词或词组（词组用引号）；第三步，单击 Search 执行。

3. Westlaw 检索结果的保存

当屏幕出现检索结果后，用户可以单击屏幕右上方的按钮实现打印、电邮和下载功能,如图 4-67 所示。

4. Westlaw 关键引用(KeyCite)和关键引用自动追踪(KeyCite Alert)

关键引用(KeyCite)是法律相关文件的历史与引用查询系统,这些文件包括判例、法规、行政命令、法学文献等。在 Westlaw 中,美国、澳大利亚、加拿大和中国香港的法律资料已经应用了这一功能。在判例和成文法的标题前,以及左侧页面的相关信息(Related Info)标签下,都有关键引用(KeyCite)标志。左侧的 KeyCite 区域除了提供旗号外,还提供判例和成文法的发展历史及参考清单。

KeyCite 除了提供法律文件的历史和相关参考资料之外,还可以根据用户的设置自动追踪某个法律文件的动态情况,即一旦收录到该文件的 KeyCite 部分新文件,便可以把这些新文件发送到用户指定的邮箱中去。

关键引用自动追踪(KeyCite Alert)的设置和删除管理步骤如下:单击想追踪的文件全文界面左侧 KeyCite 区域的 Monitor with KeyCite Alert 链接,根据提示输入指定邮箱,逐步操作(共 9 步)即可。

5. Westlaw 自动检索(WestClip)功能

自动检索(WestClip)是个人密码登录的用户享有的功能,系统会根据用户设置的检索指令和检索频率,跟踪特定的题目,如判例、成文法、新闻等。建立了有关的 WestClip,用户就不用担心忽略或者错过其关注题目的发展动态,Westlaw 会发送最新动态到指定的邮箱,节省了检索时间和精力。

用户在具体检索此类专业数据库中需要结合本专业知识不断学习和培训。作为法律专业数据库的典型代表,Westlaw 为用户提供了完善的英文检索课程,用户登录 http://www.westelearning.com/rc2/login.asp,通过邮箱注册个人的 Westlaw E-learning Center 账户,即可免费使用 Westlaw 在线英文检索课程 E-learning 。

(二)万律(Westlaw China)中国法律信息双语数据库
(www.westlawchina.com)

万律(Westlaw China)是用汤森路透法律信息集团基于世界领先的 Westlaw 法律信息平台的技术和经验,为中国高校师生、来华工作和学习并对研究中国法律有兴趣的外籍人士及相关法律工作的专业人士提供的智能化的中国法律研究解决方案。由专业律师以及多年从事法律工作的专家组成的编辑团队,对中国大陆的法律法规以及判例进行整理和归纳,为高校和团体提供经过高度整合的法律信息增值服务。

万律(Westlaw China)的内容每天更新,确保客户获得最新最权威的法律信息。

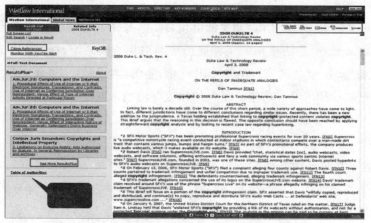

下载

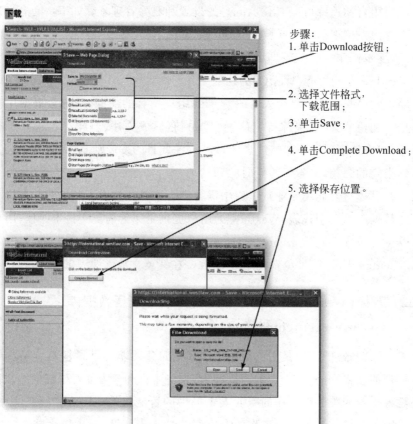

步骤：
1. 单击Download按钮；

2. 选择文件格式，
   下载范围；

3. 单击Save；

4. 单击Complete Download；

5. 选择保存位置。

图 4-67　Westlaw 检索结果下载保存和处理

内容全面：涵盖 32 个法律专题,包含超过 320 000 条法律法规,70 000 多个判例以及 25 000 个法律要点。

科学的分类：法律专题分类体系是依据目前国内律师事务所需要涉及的法律领域,对数据库内的法律法规和判例进行专业分析和高度整合,使客户处理日常实务时,能够从容、快速地获取所需信息。

权威的翻译：专业法律翻译执笔,并由具有多年校对法律文书的英美专业法律人士校对英文版本,确保英文内容严谨准确。

万律时讯：提供每日最新的行业资讯,包括经过法律编辑团队精心筛选和编辑的信息和资讯,内容涵盖新法快递、审判参考、立法趋势、政策指导、法律和财经方面的时事信息等。

万律数据库首页如图 4-68 所示。

图 4-68　万律(Westlaw China)数据库首页

二、数值数据（以 RESSET 金融研究数据库为例）

社会经济、金融专题研究离不开数值数据，经济研究要用数据说话，数据的质量关系到课题论文和科研成果的质量。金融实证研究需要数据的归类合并（例如，股票行情和分配数据的合并），需要很多常用的衍生指标的提供，以减少数据前期处理的工作量。好的数值数据库要很方便地抽取出符合条件的历史数据，能方便地与 SAS 等统计分析软件的数据调用，要与其他分析工具无缝接合。

RESSET 金融研究数据库既是一个全面的金融知识库，也是一个教学和科研的金融实验平台。

（一）RESSET 简介

RESSET/DB 是一个"面向研究的金融经济数值型数据库"。它包括股票、固定收益、基金、宏观、行业、经济与法律信息、港股、外汇、期货、黄金等十大系列，共 60 多个数据库，包括 300 多张表，近 8 000 个字段的内容，覆盖范围广泛，历史数据全面，涵盖了经济、金融、会计实证与投资研究所需的绝大部分数据。除翔实的基础数据之外，还提供了大量经过深加工的衍生指标。RESSET/DB 提供国内唯一的收益数据：包括持有期收益、资本收益和累积收益；提供国内唯一的经过处理的高频数据，方便使用；提供国内外唯一的一个中英文对照的数据库，包括字段、查询界面等等；不仅提供了结果数值，而且还开放了所有的算法、模型和基础数据，一方面供使用者使用，另一方面也便于验证。RESSET/DB 的相关数据集、计算说明展现了理论模型结合实际数据的实现过程。如利率期限结构数据中的样本债券信息，股票风险因子、三因子模型，看到 RESSET/DB 相关的数据集、计算说明，就明白一个理论模型与实际数据的对应关系。

RESSET/DB 的专家团队长年从事金融数据库、金融计算与建模的教学与科研工作，数据库结构组织与变量设计科学专业、使用方便。RESSET/DB 可根据用户需要提供多种频度的数据，包括最为详细的交易所和银行间市场的分笔高频数据。附送"金融工作站"行情资讯客户端。RESSET/DB 对每个表所涉及的内容、用途、字段定义，都有详细的说明（全部中英文对照），同时还给出了金融研究所需的背景、模型、历史变更等知识，是一个全面金融经济建模和数据处理的金融知识库，大大方便了教学与科研。

RESSET/DB 金融研究数据库在科研和教学中的作用体现在以下几个方面：

（1）RESSET/DB 为研究人员提供完整、准确、低成本的数据源，节约科研人员的收集、整理、加工数据的时间和精力。早期的研究人员进行实证研究的大部分时间都花在数据方面。RESSET/DB 数据提取方便，适合进行实证研究，可为研究者提供延伸的金融数据处理、金融计算与建模等多种专业化的配套服务，标准统一、有利于研究结果的比较。

（2）RESSET/DB 可以作为财经院校的金融实验平台，可以进行模型验证，作为论文、学术研究的数据源。更重要的是，可以通过案例和实际数据的处理分析，填补理论教学和实践之间的鸿沟。

（3）RESSET 提供的历史数据和实时行情以及最新分析报告/业界新闻，以它在专业的"金融工作站"客户端上的展现，非常有助于投资研究，也适合学生进行投资实习，尤其是与模拟交易软件配合，效果更好。

（二）RESSET/DB 的检索功能

1. 访问模式

RESSET/DB 提供了多种多样的访问模式。用户可以根据自己的需要，选择适当的获取数据方法。远程访问主要包括：

（1）浏览器实现随时随地的访问。不需要安装和管理维护客户端，方便易用。

（2）WS 客户端获取时时更新的最新行情资讯数据。

上述的浏览器和客户端都可以远程访问、获取数据。

（3）本地镜像安装访问。对于用户较多，数据传输量比较大的机构用户，可以采用数据库落地方式——在本地安装镜像数据库，其访问的方式和界面与远程方式一样。

2. RESSET/DB 其他功能

除了上面的数据获取方式之外，RESSET/DB 还可以实现以下功能：

（1）SAS 等统计分析软件的访问；

（2）二次开发：编程调用数据。

这种便利性和易用性最早在 WRDS 系统中开始应用，是国内其他数据库提供商所都不具备的。

3. RESSET/DB 查询数据模式

RESSET/DB 查询数据有两种模式：一是 BS 模式查询数据；二是 ODBC 连接方式获取数据（实验室版数据查询平台）。

安装实验室版 RESSETDB 系统后，SAS、Matlab、SPSS 等应用软件可以通过 ODBC 直接访问 RESSET/DB SQL Server 数据库，具体创建过程见"ODBC 连接方式获取数据"。

（三）RESSET 精品课教学软件（RESSET/CAD）

RESSET/CAD 是一套以 RESSET/DB 为后台数据，基于 VBA、C 语言和 Excel 平台的精品课教学软件。它适用于金融学、金融工程、投资学、公司财务、公司理财、金融计算、金融建模等课程教学。该软件融开放性、动态性、真实性、生动性、前沿性、全面性于一体，及时把学科最新发展成果引入教学，加强课程内容的技术性、综合性和探索性，丰富课程内容；促进高校网络资源、软件资源和实践教学环境建设，改善教学条件；有效调动学生们的学习积极性，促进学生互动参与式学习，完善教学方法和手段。

打开 SAS 软件，直接单击逻辑库 ressetdb 下的数据集 lstkinfo，可以进行一系列金融信息的查询练习。

1. 股票信息查询练习

可通过股票代码、股票名称、文本文件等途径查询网上最新股票信息。如图 4-69、图 4-70、图 4-71 所示。

所用数据表：股票→标识→最新股票信息	
查询项目	查询条件
第一步选择日期范围	默认
第二步选择查询方式	手工输入-股票代码：000001 000002 600600 600018
第三步附加查询条件	默认
第四步选择显示字段	默认
第五步输出格式	默认

图 4-69　练习查询最新股票信息——手工输入股票代码

所用数据表：股票→标识→最新股票信息	
查询项目	查询条件
第一步选择日期范围	默认
第二步选择查询方式	手工输入-最新股票名称-平安 天马
第三步附加查询条件	默认
第四步选择显示字段	默认
第五步输出格式	默认

图 4-70　练习查询最新股票信息——手工输入股票名称

2. 公司信息查询练习

例如，查询同时发行 A 股和 B 股的公司信息，如图 4-72 所示。

所用数据表：股票→标识→最新股票信息	
查询项目	查询条件
第一步选择日期范围	默认
第二步选择查询方式	文本文件：Example.txt
第三步附加查询条件	默认
第四步选择显示字段	默认
第五步输出格式	默认

图 4-71　练习查询最新股票信息——导入文本文件查询股票信息

所用数据表：股票→标识→公司信息	
查询项目	查询条件
第一步选择日期范围	默认
第二步选择查询方式	默认
第三步附加查询条件	2. 股票类型：AB
第四步选择显示字段	默认
第五步输出格式	默认

图 4-72　练习查询上市公司信息——同时发行 A 股和 B 股的公司信息

3. 行业资产负债表查询练习（如图 4-73 所示）

图 4-73　RESSET 非金融行业资产负债表查询示例

第三节　其他常用社科数据库一览

一、中文数据库

（一）人大"复印报刊资料"全文数据库 http://ipub.zlzx.org/

人大"复印报刊资料"全文数据库是在以中国人民大学"复印报刊资料"纸质期刊基础上进一步分类、整理而形成的数据库产品。该库囊括了人文社会科学领域中的各个学科，包括政治学与社会学类、哲学类、法律类、经济学与经济管理类、教育类、文学与艺术类、历史学类、文化信息传播类以及其他类。每个类别分别涵盖了相关专题的期刊文章，如图 4-74 所示。

图 4-74　人大"复印报刊资料"全文数据库

该数据库现有两种呈现方式，即学术论文型和数字期刊型。学术论文型呈现方式基于学科类别展现篇目内容；数字期刊型呈现方式是以整刊形式展现，具有直观、便捷的特点。人大"复印报刊资料"的回溯性专题数据库使数据从创刊年延续至今，保证了数据的完整性，既可以为图书馆用户弥补馆藏的不足，又可以利用其方便快捷的检索系统为广大科研人员查找新时期以来的历史资料服务，如图 4-75 所示。

图 4-75 人大"复印报刊资料"数据库的高级检索

（二）中国资讯行

中国资讯行（China InfoBank）是香港专门收集、处理及传播中国商业信息的高科技企业，其数据库（中文）建于 1995 年，内容包括实时财经新闻、权威机构经贸报告、法律和法规、商业数据及证券消息等。

该数据库较适合经济、工商管理、财经、金融、法律、政治等专业使用，尤其是它包含有各类报告、统计数据、法律和法规、动态信息等内容。目前有 12 个大型专业数据库，内容涉及 19 个领域，194 个行业。数据库容量逾 150 亿汉字，每日新增的数据量逾 2 000 万个汉字。

二、西文数据库

（一）EBSCO 系列库

EBSCO 公司（http://ejournals.ebsco.com）从 1986 年开始出版电子出版物，共收集了 4 000 多种索引和文摘型期刊和 2 000 多种全文电子期刊。该公司含有 Business Source Premier（商业资源电子文献库）、Academic Search Elite（学术期刊全文数据库）等多个数据库。

（1）商业资源电子文献库 Business Source Premier（BSP）——收录了 3 000 多种索引、文摘型期刊和报纸，其中近 3 000 种全文刊。数据库涉及国际商务、经济学、经济管理、金融、会计、劳动人事、银行等的主题范围,适合经济学、工商管理、金融银行、劳动人事管理等专业人员使用。该数据库从 1990 年开始提供全文,题录和文摘则可回溯检索到 1984 年,数据库每日更新,如图 4-76 所示。

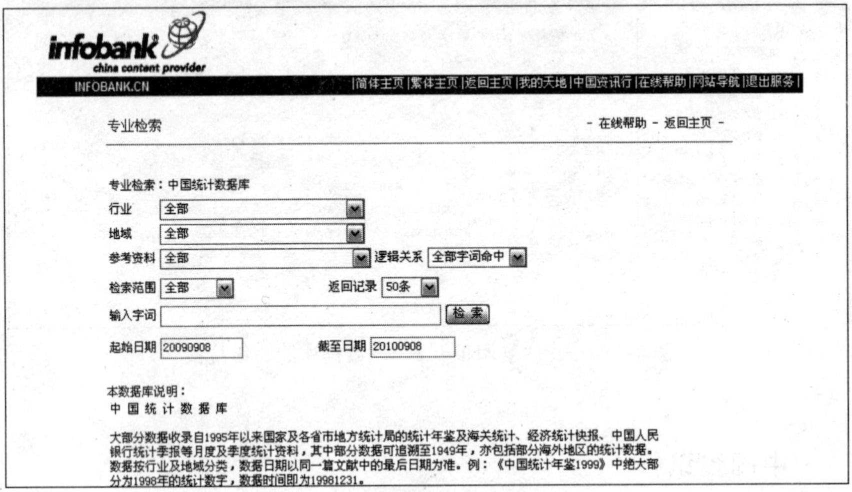

图 4-76　中国资讯行统计数据库

(2) 学术期刊集成全文数据库 Academic Search Premier(ASP)——包括有关生物科学、工商经济、资讯科技、通信传播、工程、教育、艺术、文学、医药学等领域的 7 000 多种期刊,其中近 4 000 种全文刊。

(二) UMI ProQuest 系列库

UMI 成立于 1938 年,是全球最大的信息存储和发行商之一,也是美国学术界著名的出版商,它向全球 160 多个国家提供信息服务,内容涉及商业管理、社会科学、人文科学、新闻、科学与技术、医药、金融与税务等。其出版物包括 18 000 多种外文缩微期刊、7 000 多种缩微报纸、150 多万篇博士/硕士论文、20 多万种绝版书及研究专集。ProQuest 在社科方面主要包括以下三种数据库。

1. 学术研究图书馆(Academic Research Library,ARL)

ARL 是综合参考及人文社会科学期刊论文数据库,涉及社会科学、人文科学、商业与经济、教育、历史、传播学、法律、军事、文化、科学、医学、艺术、心理学、宗教与神学、社会学等学科,收录了 2 300 多种期刊和报纸,其中全文刊占 2/3,有图像。可检索 1971 年来的文摘和 1986 年来的全文。

2. 商业信息数据库(ABI/INFORM)

ABI 即为 Abstracts of Business Information 的缩写,是世界著名商业及经济管理期刊论文数据库,收录有关财会、银行、商业、计算机、经济、能源、工程、环境、金融、国际贸易、保险、法律、管理、市场、税收、电信等主题的 1 500 多种商业期刊,涉及这些行业的市场、企业文化、企业案例分析、公司新闻和分析、国际贸易与投资、经济状况和预测等方面,其中全文刊超过 50%,其余为文摘,有图像。

3. ProQuest 博士论文全文数据库 ProQuest Digital Dissertations(PQDD)

PQDD 是世界著名的学位论文数据库,收录有欧美 1 000 余所大学文、理、工、农、医等领域的博士、硕士学位论文,是学术研究中十分重要的信息资源。

(三)ScienceDirect

Science Direct(http://www.sciencedirect.com)数据库由 Elsevier Science 公司出版。该公司是一家总部设在荷兰的历史悠久的跨国科学出版公司,其出版的期刊是世界公认的高品位学术期刊,且大多数为核心期刊,并被世界上许多著名的二次文献数据库所收录。ScienceDirect 是 Elsevier 公司的核心产品,集世界领先的经同行评审的科技和医学信息之大成,得到 70 多个国家认可。收录期刊 2 200 多种,这些期刊中被 SCI 收录的有 1 375 种,被 EI 收录有 522 种。

(四)Springer

德国施普林格(Springer-Verlag)是世界上著名的科技出版集团,通过 Springer LINK 系统提供学术期刊及电子图书的在线服务。

Springer 公司已开通 Springer LINK 电子期刊服务。目前,Springer LINK 所提供的全文电子期刊共包含 439 种学术期刊(其中近 400 种为英文期刊),按学科分为以下 11 个"在线图书馆":生命科学、医学、数学、化学、计算机科学、经济、法律、工程学、环境科学、地球科学、物理学与天文学,是科研人员的重要信息源。它一般情况下是显示 PDF 字样的,可以打开全文。

(五)Wiley InterScience

Wiley InterScience(http://onlinelibrary.wiley.com/)收录了 360 多种科学、工程技术、医疗领域及相关专业期刊,30 多种大型专业参考书,13 种实验室手册的全文和 500 多个题目的 Wiley 学术图书的全文。其中被 SCI 收录的核心期刊近 200 种。

期刊具体学科划分为 Business、Finance & Management（商业、金融和管理）、Chemistry（化学）、Computer Science（计算机科学）、Earth Science（地球科学）、Education（教育学）、Engineering（工程学）、Law（法律）、Life and Medical Sciences（生命科学与医学）、Mathematics and Statistics（数学统计学）、Physics（物理）、Psychology（心理学）等，如图 4-77 所示。

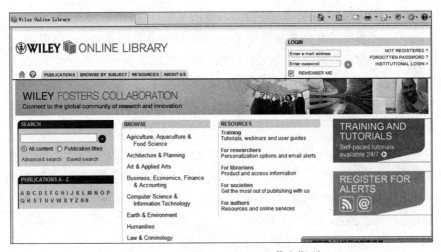

图 4-77　WILEY InterScience 英文期刊

（六）LexisNexis

美国 LexisNexis 公司创始于 1973 年，最初只有 Lexis 公司，1979 年 Nexis 公司加盟，对用户提供数据库联机检索服务。经过 20 多年的发展，LexisNexis 数据库已经非常庞大，资讯来源包括了全世界各大报纸杂志、商业期刊、产业资讯、财务数据、公共资料、法律文献，还有各大企业及其高阶主管介绍信息，共有 30 000 多种，可以从中检索超过 45 亿份文件、11 439 个数据库以及 36 000 个来源。在系统中，同时每秒可允许 15 页文件更新。全球有 290 万的专业机构及个人用户，每天约有 100 万次检索。针对学术研究用户，LexisNexis 主要提供以下数据库。

1. LexisNexis Academic 学术大全数据库

LexisNexis Academic 学术大全数据库是专为学术图书馆提供服务的专业信息资源系统。该信息资源收录了 6 100 多种全文资源，包括新闻、报纸、期刊、出版物、特色数据库系统和来自其他大型信息供应商的信息资源，涉及全球新闻、商业、法律、医学以及参考资料等领域。

LexisNexis Academic 提供两种检索方式,即 Basic(基本检索)和 Guided Search(向导性检索)。Basic 比较简单,只需要键入关键字、限制行业领域和时间。而 Guided Search 允许在文章不同的字段中检索关键字,提供 connector,还允许在特定的出版物中寻找文献。

LexisNexis Academic 提供四种显示方式,即 Document List(文献列表)、Full(全文)、KWIC 和 Expanded List(扩展列表)。单击"Print"或"E-mail"按钮,可以将检索到的文件下载、打印或电邮到邮箱。

2. Lexis.com 数据库(http://www.lexis.com/)

Lexis.com 是 LexisNexis 数据库中的在线检索系统,专门提供在线法令、判例、法案等法律方面的检索服务,内容非常丰富,所收文献涉及法律(Legal)、新闻和商业(News & Business)、公共信息(Public Records)三大领域。

Lexis.com 数据库是面向法律专业人员设计的,拥有 11 439 个数据资料库以及 31 500 个资料来源,收录内容更加丰富,几乎包括所有行业。特别是在法律事务方面,是收录最全的法律资料库之一。

与 LexisNexis Academic 学术大全相比,Lexis.com 法律领域收录更为全面,比 LexisNexis Academic 多出 1 倍。其最富有特色的部分是法律文献。法律部分又分为以下五类:美国法律文献;美国以外包括中国在内的其他 23 个国家和地区的法律文献;二次资源;法律新闻;参考文献。

其使用的网址为 http://origin-www.lexisnexis.com/ap/auth。

(七)HeinOnline 法学期刊全文数据库

HeinOnline 收录概况(2011 年度)为:美国法学期刊 999 种(几乎全部收录);全球综合排名前 500 的期刊——收录了 469 种;在 HeinOnline 中有 460 种可追溯至创刊号,最早可追溯至 1788 年,大部分可以检索到当前期;HeinOnline 收录了 1 600 余种全球核心法学期刊及连续出版物,涵盖 30 个国家和地区,大部分从创刊号收录至今,3 000 多部法学经典学术专著,100 000 多个案例。检索简单快捷,PDF 图像格式与 Text 文本格式一键式轻松转换,如图 4-78、图 4-79 所示。

三、其他常用社科数据库一览表

- 中国知网中国期刊全文数据库
- 塔塔统计数据库

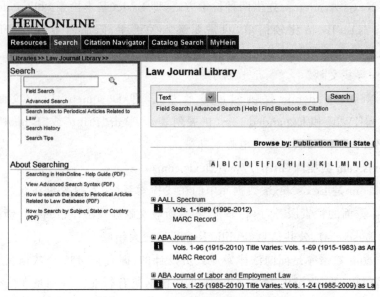

图 4-78　HeinOnline 数据库检索入口

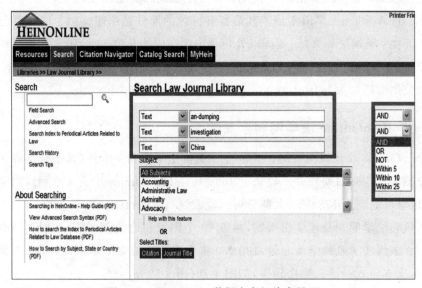

图 4-79　HeinOnline 数据库高级检索界面

- 中国基本古籍库
- 威科法律、国际商业仲裁、国际知识产权库

- 中国科技论文在线
- SAGE 回溯期刊数据库
- SAGE Journals Online 电子期刊全文库（人文社科）
- 全球新兴市场商业资讯数据库
- 大成老旧期刊全文数据库
- 北大法意教育频道
- Wind 中国金融数据库
- 国务院发展研究中心信息网
- 中国经济信息网
- 中经网统计数据库
- 剑桥期刊电子回溯库
- Emerald 管理学全集
- 中国知网中国经济社会发展统计数据库
- 全国报刊索引——晚清及民国期刊篇名数据库（1833—1949）
- 中国社科院皮书数据库
- Emerald 回溯期刊全文数据库
- 职业发展数据库——爱迪克森就业辅导讲座库
- MyiLibrary 电子图书
- 北大法律信息网——中文法规
- EBSCO 全文数据库——BSC 期刊全文数据库
- BANKSCOPE——全球银行与金融机构分析库
- 爱迪克森网上报告厅
- 天相证券市场数据库
- CSSCI 中国社会科学引文数据库
- EBSCO 全文数据库——ASC 期刊全文数据库
- The World Bank——WDI Online 世界发展指标数据库
- The World Bank e-Library
- 经济日报、参考消息全文数据库（暂停服务）
- 世界银行出版物专题全文数据库（暂停服务）
- Socolar：OpenAccess 电子期刊专业服务平台（试用）
- 国泰安 CSMAR 系列研究数据库

- Oxford Scholarship Online（牛津学术专著在线）
- Apabi 年鉴数据库
- 中经网产业数据库
- World Bank——Global Economic Monitor
- 万方数据资源系统——中国学位会议论文全文数据库
- ProQuest Dissertations & Theses：The Humanities and Social Sciences Collection
- ProQuest 博硕士学位论文全文数据库
- Springer 电子期刊数据库
- JSTOR 电子期刊全文过刊库
- ScienceCitation Index Expanded（科学引文索引数据库）
- EconLit with Full Text Elsevier ScienceDirect——经济、计量经济学和金融
- 中国知网中国优秀博硕士学位论文全文数据库
- 巨灵财经资讯系统
- WRDS 系列数据库
- The World Bank——GDF Online 全球发展金融数据库
- 彭博终端

课 后 习 题

一、操作题

1. 检索中国对外贸易方面的资料可以使用哪些专业数据库？利用所选择的数据库检索并下载中国对外贸易方面最新发表的期刊论文。

2. 某人在看了中央广播电视总台的《中国诗词大会》节目后，对古代诗词产生了浓厚的兴趣，希望对这方面有更多的理解。请查找相关资料，简述国内学者对于中国古典诗词的研究现状。

3. 利用国泰君安(CSMAR)中国上市公司财务报表数据库中的"资产负债表"查询下载数据前，选择"货币资金"字段，请问该字段的字段代码？

4. 利用超星图书馆获取《钱商》(作者：阿瑟·海雷著；曼罗译)一书中正文第 20 页的电子版内容。请简述检索过程，并摘抄第 20 页上第一行的文字内容。

二、简答题

1. 在中国知网的期刊论文数据库中，数据库提供了每篇论文的文献引文网络图，如果想要了解当前选定论文的研究工作的背景和依据，应该选择阅读什么？如果想要了解当前选定论文的研究的工作的继续、应用、发展或评价，应该选择阅读什么？如果想要了解当前选定论文是否有相同参考文献的文献，是否与本人有共同研究背景或依据，应该阅读什么？

2. 检索策略就是在分析检索问题的基础上，确定检索数据库、检索用词，并明确检索词之间的逻辑关系和查找步骤的科学安排。检索词的选取，直接影响着检索结果。以自己感兴趣的某一主题为例，简述检索策略的确定过程。

C HAPTER 5
第 5 章

社科信息分析与评价

第一节　信息分析与评价的意义

信息分析与评价存在于信息检索的各个阶段。信息需求的产生和表达离不开我们对已有信息及需求信息之间的比较分析；明确了信息需求，展开进一步的分析，选择最方便获取又最符合需求的信息源；实施信息检索过程中，又需要根据所得结果不断分析和调整检索策略，以保证最大限度的查全率或查准率；信息结果出来后，更需要分析整理归类，并对信息内容的质量加以鉴别与评价——这是在本章要讲述的核心。最后，对筛选出的信息进行深入系统的研究，去粗取精，去伪存真，由表及里，逐步深化认识，形成比较完整的概念和判断，形成自己的研究成果。这些研究成果又成为后续研究者的信息源。

相比自然科学，社会科学信息评价具有复杂性、模糊性等特点。目前国内外的社会科学信息成果评价，广泛采用的方法是同行专家评议，但也有许多国家辅以引文分析等文献计量方法，实现了定性评价与定量评价的有机结合。然而，社会科学研究成果即信息源的特殊性，使得对它的分析与评价难度较大。社会科学的学科属性导致其研究成果的非定量化、非公式化，社会经济效益的时滞性和价值的潜在性，更导致其评价指标与方法很难定量化。任何单一、机械的评价体系面对这样的复杂系统都是很难胜任的。

一、网络信息的分析与评价

（一）网络信息分析和评价

现代通讯和网络技术极大地拓展了社会科学研究的信息来源和传播渠道，丰富了信息检索的选择空间。各类专业网站的出现，使得信息资源的远程采集、快速传递和全天候利用以及社科研究者的网上互动成为现实。

互联网让人们实现了信息获取的时空跨越，与国际国内同行共享最新最全的信息资源。但是由于网络信息分散无序、鱼龙混杂,在检索和利用网络信息时,应在准确性、权威性、时效性和安全性等几个方面进行鉴别、分析和评价。例如,信息是否有编辑审核;信息责任者是否具有一定声望和权威性;信息是来源于学术性专业网站还是个人或商业性网站;网站的更新频率怎样;网页是否带恶意软件或病毒,下载的工具软件是否为比较安全的绿色软件等等。目前很多搜索引擎会对搜索结果做一些初步检查和过滤工作。当有病毒或恶意软件存在,就会发出"该网站可能含有恶意软件,有可能会危害您的电脑"的警示。作为网络的用户自身也要多了解一些信息安全方面的知识,尽量避免打开可疑陌生网站。在检索社科学术信息时,尽可能利用由专家开发和维护的各种网络正式出版物系统,如图书馆的网络数据库和学术信息导航。

(二)利用高级检索语言和技巧优化检索结果

对网络信息系统的分析和评价指标,还应包括其检索功能、检索技术、检索结果输出方式以及用户服务等方面。百度等搜索引擎除了一般的任意词检索方式,还会提供高级检索方式,并且在检索技巧方面各具特色。

例如,用"思维导图"这个关键词在百度搜索出的结果,成千上万条的结果又有多少是跟主题真正相关呢?同时,又有多少相关主题的信息并没有出现在检索结果中?如果我们用一些布尔逻辑算符和其他检索算符来改进我们的检索式,结果就会大不相同了。关于布尔逻辑算符的含义和用法,在前面章节已经介绍过。如果不能确定这些搜索引擎或网络数据库支持哪些检索算符,可以查看其高级检索的使用帮助。

每个搜索引擎或数据库支持的高级检索算符不尽相同,但基本规则是类似的。

1. 百度的高级检索技巧

百度高级搜索语法则比较复杂。百度高级搜索如图 5-1 所示。

(1)把搜索范围限定在网页标题中——intitle

网页标题通常是对网页内容提纲挈领式的归纳。把所查询内容的范围限定在网页标题中,有时能获得良好的效果。使用的方式是把所查询内容中特别关键的部分,用"intitle:"领起来。

例如,找小学数学的思维导图,就可以这样查询:思维导图 intitle:小学数学。

注意,"intitle:"和后面的关键词之间不要有空格。

(2)把搜索范围限定在特定站点中——site

如果知道某个站点中有自己需要找的东西,就可以把搜索范围限定在这个站点中,提高查询效率。使用的方式是在所查询内容的后面,加上"site:站点域名"。

图 5-1　百度高级搜索界面

例如，到天空网下载一个思维导图软件 Xmind，就可以这样查询：Xmind site：skycn.com。

注意，"site："后面跟的站点域名，不要带"http://"；另外，"site："和站点名之间不要带空格。

（3）把搜索范围限定在 url 链接中——inurl

网页 url 中的某些信息，常常有某种有价值的含义。如果对搜索结果的 url 做某种限定，就可以获得良好的效果。实现的方式是用"inurl："，后跟需要在 url 中出现的关键词。

例如，找关于 Mindmanager 软件的使用技巧，可以这样查询：Mindmanager inurl：jiqiao。这个查询串中的"mindmanager"可以出现在网页的任何位置，而"jiqiao"则必须出现在网页 url 中。

注意，"inurl："语法和后面所跟的关键词不要有空格。

（4）精确匹配——双引号和书名号

如果输入的查询词很长，百度在经过分析后，给出的搜索结果中的查询词可能是拆分的。对这种情况不满意，可以尝试让百度不拆分查询词。给查询词加上双引号，就可以达到这种效果。

例如，搜索概念地图，如果不加双引号，搜索结果被拆分成"概念""地图"，效果不是很好，但加上双引号后，搜索"概念地图"所获得的结果就全是符合要求的了。

（5）书名号是百度独有的一个特殊查询语法

在其他搜索引擎中,书名号会被忽略,而在百度,中文书名号是可被查询的。加上书名号的查询词,有两层特殊功能:一是书名号会出现在搜索结果中;二是被书名号扩起来的内容,不会被拆分。书名号在某些情况下特别有效果,如查名字很通俗和常用的那些电影或者小说。例如,查电影《手机》,如果不加书名号,很多情况下出来的是通信工具——手机,而加上书名号后,查《手机》其结果就都是关于电影方面的了。

(6) 要求搜索结果中不含特定查询词(逻辑非)

如果发现搜索结果中,有某一类网页是不希望看见的,而且,这些网页都包含特定的关键词,那么用减号语法,就可以去除所有这些含有特定关键词的网页。例如,搜思维导图,希望是关于图书方面的内容,却发现很多关于软件方面的网页。那么就可以这样查询:思维导图—软件。

注意,前一个关键词和减号之间必须有空格,否则,减号会被当成连字符处理,而失去减号语法功能。减号和后一个关键词之间有无空格均可。

这些检索语法和功能各有利弊,在检索中视个人需要而取舍,高级检索符号在网络数据库中也被广泛应用。差别在于应用是否简便、是否更智能化和人性化。很多技巧也需要我们自己去挖掘和练习。是否善于利用高级检索方法,对于提高检索效率是非常关键的。一个良好有效的信息检索行为,就是这样不断地分析选择检索系统——调整检索策略——分析评价检索结果——再次选择检索系统的循环反复过程。

(三) 学术信息导航系统——网络免费资源的评价工具

网络信息除了上述内容,还有一些开放获取(open accesss)资源,简称 OA 资源。OA 资源是作者或版权所有人自愿同意把期刊论文(包括已发表和待发表)、预印本、学位论文、会议论文、研究与技术报告等放在公共网络上供所有人免费检索,以及阅读、复制和下载等。一些学术机构和信息管理部门也将 OA 资源和其他学术性网站按特定学科分类组织、集成为一个学术信息导航系统,以方便研究者从一个统一的入口检索网络学科信息,了解学科概况、最新研究成果和动态。此类 OA 资源网站和学科导航系统最适合特定问题的检索和专业性研究。

国内著名的学科信息门户,如 CALIS 重点学科网络资源导航门户、国家科学数字图书馆学科信息门户、雷速科技的方略学术导航系统等,已经从学科分类角度为我们分析和选择了一些优质的网络资源。

1. Calis 重点学科网络资源导航门户

Calis 重点学科网络资源导航门户是"211 工程"立项高校图书馆共建项目。其目的是建立在 INTERNET 网上的导航库，收集整理有关重点学科的网络资源，为这些已立项的高校重点学科服务，让在重点学科领域的师生，以较快的速度了解本领域科技前沿研究动向和国际发展趋势。

该数据库由华东南地区中心负责，全国文理中心协助。共有 48 个图书馆参与该项目共建，目前已完成 213 个重点学科导航库建设。共收录了 6 万多个较重要的学术网站。该导航库分别按学校和分类进行编排，如图 5-2 所示。

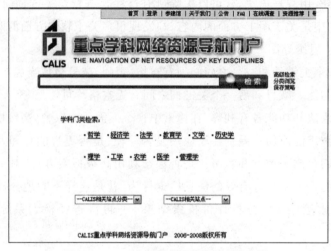

图 5-2 Calis 重点学科网络资源导航门户

2. 方略学术导航系统

方略学术导航系统是雷速科技公司开发的综合性学术信息门户。方略学科导航系统（简称方略）是一个包括哲学、经济学、法学、教育学、语言学、文学、历史学、旅游学、文化学、理学、工学、农学、医学、军事学、管理学十五大门类、108 个一级学科、600 多个二级学科在内的新型、综合性的学科网站集群，每个学科网站以收录各个学科灰色文献为主。

方略设有知识要闻、国际动态、人物、开放资源、学术站点、研招资料、会议中心、学术指南、必读书目、知识库等栏目。方略将各学科上述内容高品质的灰色学术文献包罗无遗，并通过先进的知识管理技术，集学术搜索引擎、在线百科、学术博客、BBS、RSS 聚合等互联网学术应用于一体，为广大学术工作者、科研工作者、教学工作者、管理工作者以及高级求学者提供了一个良好的知识平台,如图 5-3 所示。

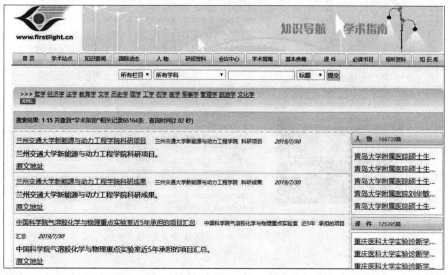

图 5-3 雷速科技的方略知识导航系统

雷速科技公司开发的哲摄线是另一个专题性的学术导航。哲摄线是面向哲学领域提供集资源搜索、资讯传播、学术交流等服务于一体的专业网络平台,涉及学科范围包括马克思主义哲学、中国哲学、东方哲学、西方哲学、现代外国哲学、科学哲学、逻辑学、伦理学、美学、心理学、宗教学。密切关注、报道、反映世界哲学领域最新理论和最新实践的发展状况和趋势,下设聚焦板块、国外板块、国内板块、学界热点、专题板块、资源板块六大板块,包括哲学要闻、国际动态、学术会议、学者访谈、学术聚焦、专题、学者、学术热点、论文、基本典籍、哲学机构、学会、视听资料、课件、论坛、博客聚合等 20 多个栏目,如图 5-4 所示。

二、正式出版物的分析和评价

(一)传统印刷型文献的评价

传统文献信息的评价有定性评价和定量评价两种方式。

1. 定性评价方式

首先,利用文献的外在特征(如其作者的知名度、出版机构的权威性、出版时间等)进行初步判断。然后,进一步深入分析文献的其他特征,如文献所面向的读者群、材料的客观性和新颖性、写作风格等。最后,参考相应的书评或综述。在定性评价文

图 5-4　雷速科技——哲摄线全文数据库

献时，一般由学科专家完成，完成的方法主要是专家会议法、头脑风暴法和德尔菲法。

2. 定量评价方式

印刷型文献作为一种组织信息的载体具有许多可以量化的特征，可进行定量评价，如文献历年变化、同时分布、利用文献检索效率（查全率、查准率）、文献流通率、引文数量等，通常采用多项量化指标进行综合评价，如《中文期刊核心要目总览》就同时采用了引证法、文摘法、索引法对期刊进行综合测评，确定核心期刊。由于《中文期刊核心要目总览》对中文核心期刊的评价客观、科学，它对广大科学工作者重点阅读本专业的期刊内容、判断学科当前主要研究水平进展及选择收藏期刊起了很大的作用。

（二）国内社科信息分析与评价方法

国内采用的社科信息评价方法有以下几种。

1. 同行专家评议法

目前，我国高校对社科研究成果的学术价值与学术影响方面的评价，主要通过专家组进行同行评议。这种专家评议法又有通讯评审和会议评审两种方法。通讯评审就是将需要评价的研究成果及评价表寄给国内外同行专家（一般情况下选3～5名），专家签署评审意见后再寄回给管理机构。采用这种方法，研究成果的作者与评审专家互不知晓，在一定程度上保证了评审的公平性与公正性。会议评审即邀请若干名国内外同行专家(学者)在一起对被评价成果的学术价值和社会价值发表见解、看法或建议,最后由专家组组长综合评议专家的意见,写出综合评价报告和鉴定结论。这种方法是专家在共同讨论分析后给出评价的一种评审方式。同行专家评议法虽然有其自身的优势,但对于数量众多的论文成果,一个学校或一个科研管理机构是无法组织同行专家对这些论文成果进行评价的,在一定程度上存在不可操作性。

2. 刊物级别评价法

一般来说,一篇论文的发表或一部著作的出版一方面要经过刊物编辑初审,同行专家评审(至少2位审稿人)给出审评意见,编辑部根据评审意见与作者联系并反馈是否采用、是否需要修改以及修改意见等信息。如被采纳,文章还要经过编辑才可出版发表。由此可见,一篇论文的发表,其本身就可代表一定的学术价值。另一方面,刊物本身也有层次之分,我国现有的核心期刊都是经过一定的标准和程序评定出来的。还有在各个学科领域都有其"学术圈"内公认的顶级刊物,刊物为保证自己的学术形象,从最初的审稿到编辑,再到最终发表都会严格把关。因此,以论文发表的刊物的级别进行评价是具有统计意义上的可信度的。

3. 被引情况评价法——引文法

以论文的被引用、被索引情况来评价成果的质量也是目前国内外通用的一种手段。目前,对于社科成果评价在高校比较认同的有:由美国费城科学信息研究所(ISI)编制的《艺术与人文科学引文索引》(A&HCI)、《社会科学引文索引》(SSCI)和《国际学术会议社会科学引文索引》(IS-SHP)。这些具有国际权威性的检索系统采用影响因子(impact factor)、即时指数(immediacy index)、引用半期(cited half-life)等指标量化而成,其引用指数不仅包括引用次数,还可以计算出某一领域的论文在其他领域中的引用情况,成为跨学科评价的一个指标。因此,这些权威检索系统自创办以来就受到科技情报界的重视。

目前国内有7大核心期刊(或来源期刊)遴选体系:

(1)北京大学"中文核心期刊要目";

(2)南京大学"中文社会科学引文索引(CSSCI)来源期刊";

(3)中国科学院文献情报中心"中国科学引文数据库(CSCD)来源期刊";

(4)中国科学技术信息研究所"中国科技论文统计源期刊"(又称"中国科技核心期刊");

(5)中国社会科学院文献信息中心"中国人文社会科学核心期刊";

(6)中国人文社会科学学报学会"中国人文社科学报核心期刊";

（7）万方数据股份有限公司"中国核心期刊遴选数据库"。

其中南京大学"中文社会科学引文索引"和北京大学"中文核心期刊要目"为国内公认的、比较权威的两个核心期刊体系。

南京大学"中文社会科学引文索引"（ChineseSocial Sciences Citation Index,简称CSSCI）,网址为 http://cssci.nju.edu.cn/login_u.html,是国家、教育部重点课题攻关项目。CSSCI 遵循文献计量学规律,采取定量与定性评价相结合的方法从全国 2 700余种中文人文社会科学学术性期刊中精选出学术性强、编辑规范的期刊作为来源期刊。现已开发的 CSSCI(1998－2019)21 年数据,来源文献近 63 万余篇,引文文献409 余万篇。该项目成果填补了我国社会科学引文索引的空白,达到了国内领先水平。CSSCI 从来源文献和被引文献两个方面向社会科学研究人员提供相关研究领域的前沿信息和各学科学术研究发展的脉搏,通过不同学科、领域的相关逻辑组配检索,挖掘学科新的生长点,展示实现知识创新的途径。对于社会科学管理者,CSSCI提供地区、机构、学科、学者等多种类型的统计分析数据,从而为制定科学研究发展规划、科研政策提供科学合理的决策参考。对于期刊研究与管理者,CSSCI 提供多种定量数据如被引频次、影响因子、即年指标、期刊影响广度、地域分布、半衰期等,通过多种定量指标的分析统计,可为期刊评价、栏目设置、组稿选题等提供科学依据。CSSCI 也可为出版社与各学科著作的学术评价提供定量依据。

北京大学《中文核心期刊要目总览》为国内外图书情报部门对中文学术期刊的评估和选购提供了参考依据,促进了中文期刊编辑和出版质量的提高,已成为具有一定权威性的参考工具书。它对核心期刊评价的基础理论、评价方法（定量评价指标体系、核心期刊表的学科划分、核心期刊数量）、评价软件、核心期刊的作用与影响等问题进行了深入研究,在此基础上,进一步改进评价方法,使之更加科学合理,力求使评价结果能更准确地揭示中文期刊的实际情况。本版核心期刊定量评价,采用了被索量、被摘量、被引量、他引量、被摘率、影响因子、获国家奖或被国内外重要检索工具收录等 7 个评价指标,选作评价指标统计源的数据库达 51 种,统计文献量达到 943 万余篇次(1999—2001),涉及期刊 1.2 万种。经过定量评价和定性评审,北大核心期刊要目从我国正在出版的中文期刊中评选出 1 800 种核心期刊,分属七大编 75 个学科类目。该书由各学科核心期刊表、核心期刊简介、专业期刊一览表等几部分组成,不仅可以查询学科核心期刊,还可以检索正在出版的学科专业期刊,是图书情报、新闻出版、科研成果管理等部门和期刊读者的不可或缺的参考工具书。

4. 代表性成果评价法

它是以代表性成果作为评价学者的学术成就、学术水平和学术地位的指标和方法。由于学术著作和学术论文是社科学术成果的两种主要形式,所以可将"代表性学术成果"分解为"代表性学术著作"和"代表性学术论文"两项具体指标。首先,代表性成果评价法的优点是看重成果的质量而非数量;其次,代表性学术成果由学者自己推荐,科学管理部门组织专家评审。对于任何一位学者,什么样的成果最能代表自己的学术水平,应该由他自己来评价;这些学术成果在该学科领域具有什么地位,则应该由同行专家来评价。因为这种评价法有利于形成对学者学术水平的基本的、本质的和稳定的评价;有利于形成质量并重、定性与定量结合的评价机制;有利于克制浮躁,形成科学规范的管理机制和良好的学风。

总之,对不同性质、不同目标的学术研究信息不能简单地使用同一尺度、标准进行评价,应根据不同性质的研究类型和领域,选择相应的符合内在规律的评价标准和评价方法。基础研究成果应多采用同行专家评议与引文计量分析的方法;对于应用研究和决策研究应采用政策效果评估、民意检测和社会实验的方法。目前,我国现有的评价机制和评价系统比较适合基础性研究成果的评价,而对于应用性和决策性的研究成果评价尚缺乏相适应的完善的评价体系和标准。社科研究成果的评价标准、评价体系也是一个不断完善、不断科学化的过程。下面我们就介绍几种可以帮助我们进行社科信息分析评价的数据库——CSSCI、CNKI学术趋势和SSCI。

第二节　国内外社科信息评价工具

一、中文社会科学引文索引

中文社会科学引文索引(Chinese Social Sciences Citation Index,CSSCI)是由南京大学中国社会科学研究评价中心开发研制的引文数据库,用来检索中文人文社会科学领域的论文收录和被引用情况。

(一) 简介

CSSCI遵循文献计量学规律,采取定量与定性相结合的方法从全国2 700余种中文人文社会科学学术性期刊中精选出学术性强、编辑规范的期刊作为来源期刊。目前收录包括法学、管理学、经济学、历史学、政治学等在内的二十五大类的500多种学术期刊（http://cssci.nju.edu.cn/cssci_qk.htm），现已开发 CSSCI（1998—2019）22 年度数据，如图 5-5 所示。

图 5-5　CSSCI 网站首页

　　利用 CSSCI 可以检索到所有 CSSCI 来源刊的收录（来源文献）和被引情况。来源文献检索提供多个检索入口，包括篇名、作者、作者所在地区机构、刊名、关键词、文献分类号、学科类别、学位类别、基金类别及项目、期刊年代卷期等。被引文献检索提供的检索入口包括被引文献、作者、篇名、刊名、出版年代、被引文献细节等。其中，多个检索口可以按需进行优化检索，即精确检索、模糊检索、逻辑检索、二次检索等。检索结果按不同检索途径进行发文信息或被引信息分析统计，并支持文本信息下载。

　　CSSCI 已成为我国许多高校和科研机构对社会科学成果公认度较高的评价依据。对于社会科学研究者，CSSCI 可以从来源文献和被引文献两个方面向研究人员提供相关研究领域的前沿信息和各学科学术研究发展的脉搏，通过不同学科、领域的相关逻辑组配检索，挖掘学科新的生长点，展示实现知识创新的途径。对于社会科学管理者，CSSCI 可以提供地区、机构、学科、学者等多种类型的统计分析数据，从而为制定科学研究发展规划、科研政策提供决策参考。对于期刊研究与管理者，CSSCI提供多种定量数据，即被引频次、影响因子、即年指标、期刊影响广度、地域分布、半衰期等，通过多种定量指标的分析统计，可为期刊评价、栏目设置、组稿选题等提供定量依据。CSSCI 也可为出版社与各学科著作的学术评价提供定量依据。CSSCI 在促进期刊提升学术质量、规范办刊行为、改进学术评价、促进哲学社会科学研究管理创新等方面具有重要的推动意义。

当前,学术界和社会上存在着对 CSSCI 的片面理解、不合理使用等倾向。在参照是否被 CSSCI 来源期刊收录、被引次数多少的同时,还应积极完善同行定性评价与定量评价相结合的评价方法,力戒简单以 CSSCI 数据作为评价指标。

(二) CSSCI 主要检索项说明

1. 来源文献检索

来源文献检索主要用来查询本索引所选用的源刊的文章作者(所在单位)、篇名、参考文献等。其检索途径有论文作者、篇名(词)、作者机构、作者地区、期刊名称、机构名称、标引词、学科类别、基金项目以及年代等 10 余项。

(1) 作者检索。希望查找某一学者或某团体作者(如某课题组)的发文情况,可在"作者"栏中输入该学者的姓名或团体作者名称,如查找的作者为第一作者,则选中第一作者前的选择框,输入后单击"检索"按钮,即可在结果显示窗口中显示本次检索的命中结果,在检索结果窗口中显示出本次检索条件及命中篇数等。

(2) 机构检索。机构检索为某一机构发表文章提供了最佳途径。如想知道北京大学在 CSSCI 所收录的期刊上发表了多少篇论文,可以在机构输入框中键入"北京大学",如查找第一机构,则选中第一机构选择框,然后单击"检索"按钮,则可得 CSSCI 上所收录的北京大学所有论文发表情况。

(3) 关键词检索。关键词是用来反映论文主题意义的词汇,关键词检索提供了通过关键词找到相关论文的途径。检索式中的关键词组配对象可以有多个。

(4) 刊名检索。检索主要用于对某种期刊发表论文情况的查询。若欲查看在《中国社会科学》上发表的论文,可以在期刊名称录入框中,输入"中国社会科学",单击"检索"按钮后,可以得到 CSSCI 所收录该刊论文情况。当然也可以通过卷期来限制某卷某期发表论文的情况。

(5) 篇名(词)检索。篇名(词)检索主要是为用户提供用篇名中词段进行检索的手段。可以在篇名录入框中打入整个篇名,也可以打入一个词,甚至一个字。如全名"我看北大"只有一篇,而篇名中含有"北大"一词的论文则有 36 篇。

2. 被引文献检索

被引文献检索主要用来查询作者、论文、期刊等的被引情况。其检索途径有被引文献作者、被引文献篇名(词)、被引文献期刊、被引文献年代、被引文献类型和被引文献细节。

(1) 被引作者检索。通过此项检索,可以了解到某一作者在 CSSCI 中被引用的情况。如查询刘国光先生的论著被引用情况，可在此框中输入"刘国光"得到结果。其具体操作与说明参见来源文献的作者检索。

（2）被引篇名（词）检索。被引篇名（词）的检索与来源文献的篇名词检索相同，可输入被引篇名、篇名中的词段或逻辑表达式进行检索。其具体操作说明参见来源文献的篇名词检索说明。

（3）被引文献期刊检索。被引文献期刊检索主要用于查询期刊被引情况。在此框中输入某刊名，可得到该刊在 CSSCI 中所有被引情况。

（4）被引年代检索。被引年代检索通常作为某一出版物某年发表的论文被引用情况的限制。

（5）被引文献类型检索。被引文献类型检索主要用于查询期刊论文、报纸、汇编（丛书）、会议文集、报告、标准、法规、电子文献等的被引情况。在此框中输入某刊名，可得到该刊在 CSSCI 中所有被引情况。

（6）被引文献细节检索。该检索具有较强的灵活性，可对文献题录信息进行检索，如输入某人的名字，既可以对作者为某人的文献进行检索，也可以检索篇名（词）中含有某人的文献信息。

二、CNKI 学术搜索与文献引证关系

（一）CNKI 简介

CNKI 是"中国知识基础设施工程"（China national knowledge infrastructure）的简称。目前看来，CNKI 是我国最大的中文数字图书馆。目前 CNKI 已建成的数据库有中国期刊全文数据库（CJFD）、中国优秀博硕士学位论文全文数据库（CDMD）、中国重要会议论文全文数据库（CPCD）、中国重要报纸全文数据库（CHKD）等等。其中，中国期刊全文数据库是目前世界上最大的中文期刊全文数据库之一，一般称之为中国学术期刊网。

CNKI（http://www.cnki.net）已成为中国学者普遍采用的文献资源。用户可以购买 CNKI 卡享受文献查阅服务，但大部分高校已经购买了使用权限，校内上网可以免费查阅和下载全文，如图 5-6 所示。

（二）CNKI 学术趋势搜索

1. CNKI 学术趋势的作用

如图 5-7 所示，我们用学术趋势查询"信息可视化"的课题研究状况——近 10 年

图 5-6　CNKI 官网首页

来研究"信息可视化"问题的学术关注度、用户关注指数等。并且,我们还可以查到研究这个问题的热点年份中,哪些作者的文章被引频次最高,等等。

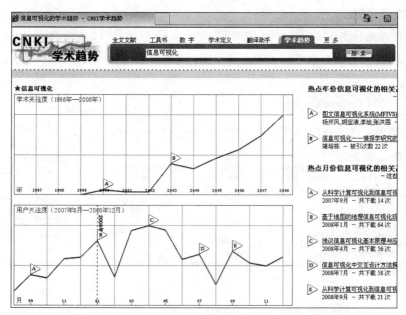

图 5-7　CNKI 学术趋势检索页,关键词-信息可视化

2. CNKI 学术趋势常见问题

(1) 学术关注指数。学术关注指数是以 CNKI 知识资源总库中与关键词最相关

的文献数量为基础,统计关键词作为文献主题出现的次数,所形成的学术界对某一学术领域关注度的量化表示。

（2）用户关注指数。用户关注指数是以用户在 CNKI 系列数据库中所下载文章的数量为基础,统计关键词作为主题的文章被下载的次数,所形成的用户对某一学术领域关注度的量化表示。

（三）CNKI 知识搜索

1. CNKI 知识搜索简介

CNKI 文献搜索以 CNKI 总库资源为基础,共涵盖了中国学术期刊、博硕士论文、会议论文、报纸文献、专利标准等近 4 000 多万篇专业学术文献。CNKI 知识搜索在 KBase 独有的搜索引擎技术上,采用了最新的文献排序技术、分组技术以及用户搜索意图智能分析技术。能够对用户一个简单的搜索请求做全方位的智能解析,在返回最相关最重要的文献基础上,对全部相关文献做立体化分析——提供专业的分组、全方位的排序、相关知识等服务。让用户对当前的搜索结果有一个全面的了解。

2. 检索实例

查找"思维导图在知识管理中的应用",只要输入"思维导图 知识管理"就可以得到相应的结果了。使用空格隔开相应的关键词能够更好地得到搜索结果,如图 5-8 所示。

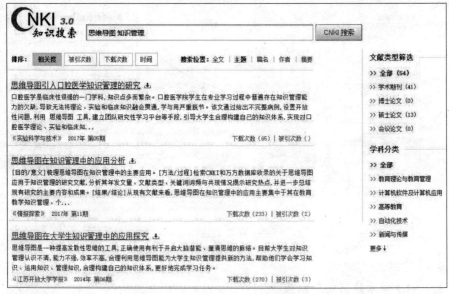

图 5-8　CNKI 知识搜索结果示例

3. 搜索结果说明

从每条搜索结果的题录下面,还可以看到文章被引次数、参考文献、相似文献、下载指数等情况。根据这些指标,我们还可以进一步调整检索策略,以求更好的结果。

(1) 搜索位置,能够迅速地切换您的搜索位置,可以直接将搜索词定位于文章的具体位置,如标题、关键字、作者、摘要等,从而实现更精确的搜索。

(2) 排序区,单击可以切换排序模式,更好地查找相关的文献。

(3) 搜索结果统计信息,相关记录数以及搜索耗时。

(4) 分组区,对全部相关文献进行实时的分组,可以更好地查看所属类别下全部的相关文献。

(5) 相关文献结果展示区,根据您的查询请求返回的结果。

(6) 分页区,可以查看下一页、上一页,并能跳转到相应的页数。

(7) 相关搜索区,根据您的搜索词,提供热门、相似的搜索。

(四) CNKI 学术不端监测系统

CNKI 学术不端监测系统以《中国学术文献网络出版总库》为全文比对数据库,可检测抄袭与剽窃、伪造、篡改、不当署名、一稿多投等学术不端文献,可供期刊编辑部检测来稿和已发表的文献,并支持各刊自建比对库。系统限社科学术期刊编辑出版单位内部使用,只能用于检测本刊的来稿和已发表文献。

三、SSCI(ISI Web of Knowledge)

(一) SSCI 简介

SSCI 全称为社会科学引文索引(Social Sciences Citation Index),是由美国科学信息研究所(The Institute for Scientific Information)编制的"社会科学引文索引"的缩写。它创立于 1956 年,后经 1994 年和 1998 年两次扩大调整来源期刊目录和数量后,现共收录 1 765 种人文社会科学领域的世界顶尖期刊,覆盖了包括政治学、心理学、人类学、历史学、教育学、法学等运用社会科学实证方法进行研究的 50 多个社会科学分支学科。同时,该检索系统还包括个人推荐的确有学术价值的其他 3 300 种国际性科学、技术和人文类期刊。

SSCI 选刊标准包括很多因素,如期刊的被引次数、影响因子、发表哪些国家的论文、哪些国家论文被引用的、是否遵循国际通行的编辑惯例、被引文献项目是否齐全、每位作者是否有完整地址(包括电话号码与传真号码)、是否有英文撰写的能提供一定信息量的标题和文摘及被引文献、是否采用同行评议方式审稿、所载论文研究结果是否具有新颖性、是否反映新的科学进展、期刊编辑委员会及论文作者是否具有国际影响力、新办期刊的主办单位是否具有声望、期刊是否具有地区代表性等等。

此外，SSCI 的编辑顾问委员会成员都是各学科的杰出专家，他们构成的集体具备多学科的专业知识，在判断期刊内容质量，尤其在判断新创期刊质量方面具有重要作用。SSCI 因其覆盖学科较全、评价机制成熟、评价专家权威，已成为西方学术评价的重要参照之一，在业界享有盛誉。重视并了解该体系，为提高我国的研究水平提供了便利。

我国各大院校近年来每年都公布各科系被 SSCI 收录的论文数目以及收录论文被引频次的排行榜，以此反映他们的科研水平；在复旦大学的网页上就可以看到 2004 年 8 所高校发表的论文被 SSCI 收录情况的统计表格。许多单位也专门定出条例，对论文被纳入 SSCI 的人员进行表扬并给予物质奖励；许多学者在罗列学术成果时也将其视为代表；连大学进行排行时，也将被 SSCI 收录论文作为最重要的指标。由此可见，在我国，SSCI 并未限于用作数据库，却正在成为我国社科研究成果的评价标准之一。

SSCI 最初是由其创立人尤金·加菲尔德（Eugene Garfield）为印证期刊和论文重要性可以量化区分的理论而在美国设立的。之后，它又与 SCI、A&HCI 等数据库相继建立起了"知识网络"ISI Web of Science，并收录网页资料。它虽在一定程度上可以证明被收录的期刊和论文的重要性，但它更重要的功能在于数据库服务功能。

（二）SSCI 功能说明

1. Web of Science 的基本概念

（1）高质量的期刊——高质量的论文——可以信赖的、高质量的信息。

（2）"布拉德福-加菲尔德法则"（学术信息的二八规律）：20%的期刊汇集了足够的信息以全面反映科技的最新最重要的成果与进展。

（3）包括以下三个引文索引库：①Science Citation Index Expanded（科学引文索引，SCIE）：含 6 800 种核心期刊，可回溯到 1900 年。②Social Science Citation Index（社会科学引文索引）SSCI：含 1 800 种核心期刊，可回溯到 1956 年。③Arts & Humanities citation Index（艺术与人文索引 A&HCI）：含 1 200 种核心期刊，可回溯到 1975 年。

2. 怎样了解某研究课题的总体发展趋势

无论是进行科研立项还是写开题报告，常常需要从宏观上分析和把握国内外某一研究领域或专题的总体研究态势,如何快速获取这些信息呢? 可以通过生成课题引文报告或分析论文出版年的方式有效获得。

访问 Web of Science 数据库检索课题,登录 www.isiknowledge.com,进入 ISI Web of Knowledge 平台;选择 Web of Science 数据库。

图 5-9　Web of Science 检索平台界面

3. 生成引文报告

在检索结果界面上,通过右侧的生成引文报告功能,可以快速了解该课题的总体研究趋势,并且找到本课题的国际影响力年代变化情况。通过 Web of Science 提供的强大的引文报告功能,可以单击创建引文报告,自动生成课题引文报告,从而提高科研效率,如图 5-10 所示。

4. 利用检索结果分析功能,了解课题发展趋势

除了自动创建引文报告之外,也可以利用分析功能生成论文出版年的图式。并且,利用分析功能可以任意查看某些出版年的论文情况,如图 5-11 所示。

5. 结论

通过 Web of Science 提供的强大的引文报告功能,可以单击创建引文报告,自动生成课题引文报告,对总体趋势一览全局。而分析功能可以更清晰地了解本课题论文每年的发文量,分属于哪些学科,主要集中在哪些国家地区,以哪些语种发表,哪些机构或哪些作者是本课题的引领者,收录本课题论文最多的期刊和会议有哪些等详细信息。

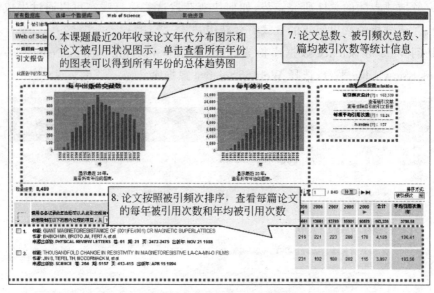

图 5-10　生成引文分析报告，揭示课题研究态势

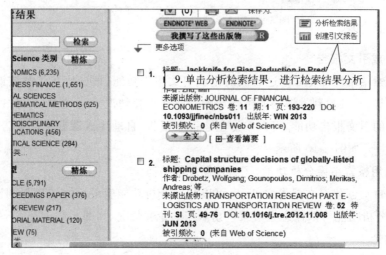

图 5-11　分析检索结果，生成分析报告

课 后 习 题

一、操作题

1. 在科学研究过程中往往需要从宏观上把握某一研究领域或专题的国内外主要研究成果、最新进展、研究动态、前沿问题或历史背景、前人工作、争论焦点、研究现状和发展前景等内容,通常我们可以通过检索综述性文献来方便高效地找到信息。

如何利用 CSSCI 来源文献找到某篇论文的被引频次?

如何在中国知网查找《管理世界》的影响因子?

2. 厉以宁先生是我国著名的经济学家,请在中国知网(CNKI)中检索 2000—2018 年厉以宁在核心期刊上发表的文章数量,并列出被引次数前三的文献的题名、期刊名和被引频次。

二、思考题

1. 下列英文缩写代表常用的检索工具或检索系统,请写出中文名称。
SSCI、CSCD、EI

2. CNKI 指数检索是基于中国知网的海量权威文献资源,用于统计研究趋势、进行文献分析和评价的一种检索方式。其中的"指数"包括哪些指数,请至少准确写出3个。

第 6 章

信息收藏、整理与个人图书馆

网络信息的泛滥,一方面,让我们无从评价和选择;另一方面,当我们找到大量的信息准备加以利用时,却尴尬地发现我们搜索到的信息成了杂货铺,真正有价值的信息被淹没在其中很难被发现。结果,为了一条重要的信息,我们可能需要重新搜索一遍。

因此,为了避免做无用功,应该从一开始就学习利用一些技巧或工具,有计划、有条不紊地分类收藏对我们有价值的信息,建立我们个人的图书馆。现在这类文献整理的小工具、小窍门随处都是,只要我们留心去学一学,就能把我们自己搜集的信息从源头开始有序化,避免重复劳动。并且,信息整序的过程也是分析和判断检索结果的过程。能否有意识地采用文献管理工具整理信息,是提高信息素质的一个标志。找信息并不难,难在合理地组织信息,形成自己的认知和判断:哪些信息最有价值?哪些马上就能用?哪些以后可能对专业研究有帮助?当你需要利用时,能否随时方便地从个人图书馆里找出来?

第一节 整理网络信息

用 IE 浏览器搜索网页时,喜欢的网站一般可以直接保存在浏览器自带的收藏夹里。这样用起来非常方便,下次要再看,不用再敲一遍网址或者搜来搜去,直接从收藏夹打开就可以了。但是,经常使用收藏夹的朋友知道,时间久了,收藏的网站多了,查找起来非常不方便,想读的新闻网站、好友的博客、网上发现的好文章、读到一半的电子书、专业工作相关的网站,等等,密密麻麻地找起来很费神,与其让滚动条滚来滚去上下穿梭,还不如重新搜索呢。其实对这些网页有更好的方法进行归类排序,虽然刚开始费点事,但以后再查找起来就有条理了。

一、利用收藏夹整理网页

（一）在菜单中整理收藏夹

已经收藏过大量网站，可以直接在菜单里整理。在菜单的弹出窗口里就有选项，具体的做法是：单击收藏夹菜单，选择"整理收藏夹"，弹出整理收藏夹对话框。在里面有 4 个选项按钮，"创建文件夹"——直接创建一个文件夹，把同种类型的网站放在一起；"重命名"——给文件夹重新命名；"移至文件夹"——选择一个网站，然后单击它，在弹出的对话框中选择一个文件夹，那么，网站就可以各就各位了；"删除"可以把已经收藏的网站删除。有些网页的名字太长，在收藏夹里显示不完整，可以选中需要重命名的网页名，单击"重命名"按钮另起一个简单易识别的名字就行了。要注意经常清理不需要保存的网页，根据个人生活学习的变化，随时调整收藏夹。

IE 收藏夹管理菜单如图 6-1 所示。

图 6-1　IE 浏览器的收藏夹整理菜单

（二）在硬盘文件夹中整理

我们也可以在电脑硬盘的文件夹里整理，不需要用第一种方法一个一个地进行归类命名。这些收藏的网站都是存放在我们的硬盘中的，我们可以直接打开存放的地方进行整理。打开系统盘里的 WindowsFavorities 文件夹，把要进行归类的网站选中，直接剪贴到文件夹中就可以了。

（三）给收藏夹排序

我们还可以把收藏的网站按照一定顺序进行排列。打开 IE 浏览器窗口，依次单击"工具""Internet 选项"命令，在随后出现的设置窗口中，单击"高级"标签，选中"浏览"设置项中的"启用个性化收藏夹菜单"项目，然后单击"确定"按钮退出设置窗口。将 IE 窗口关闭后重新启动一下，再重新单击"收藏夹"菜单时，最近访问的站点就会全部"跑"到收藏夹前面显示了。这样对于我们常用的网站就十分方便了。

当 IE 收藏夹中的站点地址太多，很难对某个特定站点进行快速定位时，可以按照字母先后顺序对收藏夹进行排序，以便快速定位。具体操作方法是，打开注册表编辑窗口，找到分支 HKEY_CURRENT_USER SoftwareMicrosoft WindowsCurrentVersionExplorerMenuOrder 上；检查一下"MenuOrder"主键，看看它的下面是否有"Favorities"选项，有的话，可以选中它并用右键单击，执行快捷菜单中的"删除"命令，将"Favorities"选项删除掉；重新将系统启动一下，打开收藏夹后，已经被收藏的站点将会自动按照字母先后顺序排列了。

二、利用思维导图软件整理网络信息

用 IE 收藏夹功能整理网页对于专题研究性的搜索就不太方便了，假设我正在研究思维导图在教育中的作用，我用"可视化教学"作为研究的主题。如果在收藏夹中新建一个名字为"可视化教学"的文件夹，你会发现这个文件夹用不了多久就塞满了相关主题的网站，又成了一个杂货铺。

那么，让我们换一种方法来试试。如果你了解一点思维导图的知识，不妨下载一个免费的思维导图软件 Mindjet Mindmanager 来帮助我们管理网络信息。需要说明的是，我们在这里不是用软件来绘制思维导图，我们只能借用软件很简单的一个功能来帮助我们管理专题网络信息。我们从网上很容易找到这个软件下载，如果有汉化版更好。安装以后，会在 IE 浏览器菜单栏中出现一个该软件的插件图标，如图 6-2 所示。以后每当我们看到值得收藏的网页就直接单击这个插件图标，"Send to Mindjet Mindmanager"把网页收藏到我们事先建好的思维导图文件中。这个导图文件的文件名就是"可视化教学.mmap"，mmap 代表的是用 Mindjet Mindmanager 建立的导图文件格式，导图的

图 6-2　插件图标

中心主题就是"可视化教学"。

如图 6-3 所示，我们先用 Mindjet Mindmanager 软件新建一个思维导图文件，中心主题（central topic）和文件名均为"可视化教学"。

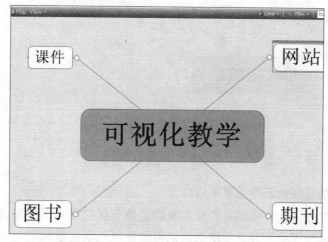

图 6-3　主题为"可视化教学"的思维导图

现在开始上网浏览，发现了一个很好的网站"栖息谷管理社区论坛"，如图 6-4 所示。

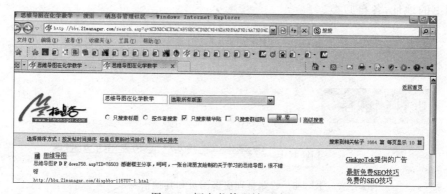

图 6-4　栖息谷管理社区论坛

在这个网页上单击"Send to Mindjet Mindmanager"图标，栖息谷论坛的网址和名称就收藏到预先建立的思维导图中去了，如图 6-5 所示。需要进这个论坛时，可以随时点开它的图标。

思维导图在整理信息和组织知识方面很强大，我们在这里只是略窥一二。想了

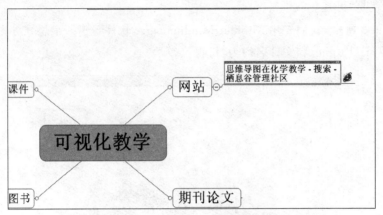

图 6-5　收藏到"可视化教学"的思维导图中的"栖息谷网站"

解更多可以上栖息谷论坛学习更多内容。

我们通过此种方式收藏网页的最大好处是你不仅仅拥有了搜索结果，并且你能够通过所建立的导图来管理这些结果。你可以在每一条搜索结果上添加你的评语。你也可以删除不符合你要求的结果；你可以重新编排符合你思维逻辑的搜索结果的顺序。你同样也可以直接在导图文件中单击这些搜索结果查看这些网络内容。

我们再看看找到更多网站后的效果，如图 6-6 所示，搜索到两个网站和一个网络版图书的地址，各自归类。

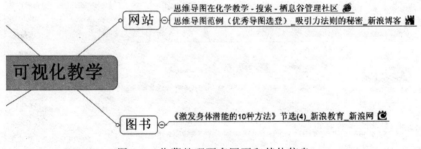

图 6-6　收藏整理更多网页和其他信息

思维导图的创始人托尼·博赞说，在 Google 公司的墙上可以看到很多的思维导图（mindmap），他们把问题都画在墙上。Google 是互联网上的最大的一张思维导图（mindmap），把人类的知识、地球上每一个信息片断都抓取在一起。不知道这句话，能否让你感受到思维导图的魅力？最重要的是，这种思维导图软件非常简单易学。

当你对目前研究的课题已经比较明确，或你一直在跟踪关注一个问题，用 IE 收藏夹来整理网页信息就不太方便了。随着你对这个课题研究的越来越深入,相关主题的网页被淹没在收藏夹文件中,使你在浏览时很容易分散注意力,在网页中迷失。因此,在面对专题的网络信息整理时,可以学习用一些更专业的软件来整理,Mindjet MindManager 这类思维导图软件就是一个简单易用的好工具。

当然我们还有其他一些工具可以选择,如博客、Wiki、文献管理软件、个人图书馆等。可以根据具体目标综合运用。

对于合理收藏和整理信息的意义,我们不妨用托尼·博赞在一次讲座中的形象比喻来说明。

博赞在一次万人规模的讲座中,是这样描述的:

让我们把你的大脑和知识比作一个图书馆,想象一下,你的大脑是一个新建成的空空荡荡的图书馆,它等待你把数据和信息以书的形式、录像带的形式、电影胶片的形式、光盘的形式以及计算机软盘等形式放入其中。

你是负责这个图书馆的管理员,你首先必须选择你想拥有多一些的馆藏还是少一些的馆藏。你很自然地选择多一些馆藏。

然后你需要做出第二个选择:你是否要把信息变得有秩序。

假设你做出了第二个选择,不把信息变得有秩序:你只是简单地订购了一堆书和电子文献,然后所有这些信息全都堆在你的图书馆房间地板的中央!当有人来你的图书馆向你借某本独特的书,或者是想要找关于某个特定主题的信息时,你耸耸肩膀说:"都在这一堆里,希望你能够找到它——祝你好运!"

这个比喻描述了很多人头脑的状态!

他们的头脑,尽管他们可能——而且经常——包含他们想要的信息,可是由于头脑中的信息全都处于无序状态,因此当他们需要某些信息时他们无法找到它。这种情况导致了挫败感,不愿意再接受或处理新的信息。也难怪如此,假如你以后永远也不会再找到你所接受的新信息,那么你为什么要接受它呢?

想象一下相反的状况,你有一座巨大的图书馆,里面装满了你想要知道的无数信息。在这座先进的图书馆里,绝不会有任何信息胡乱地堆在地板上,一切都井然有序地放在你想放的地方。

除此之外,这座图书馆还拥有卓越的数据检索和存取系统,使你能够找到所有在你头脑中一闪而过的思想。

这是一个不可能实现的梦想吗? 对你来说它马上就会成为可能!

思维导图就是存在于你那令人感到不可思议的大脑中的巨大图书馆里的卓越的

数据检索和存取系统。

思维导图帮助你学习、组织和储存你想要的所有信息，它以自然的方式对它们进行分类，使你能够很容易地立即得到你想要的一切（完美的记忆！）。

思维导图还有其他作用。你可能认为你装进头脑里的信息越多，你的头脑就越会拥挤不堪，以至于你无法再输出任何信息。思维导图用它的头脑改变了这一切！

为什么？

因为当你使用思维导图时，每一条新信息都会自动地与你图书馆中已有的信息"连接"起来。这种相互连接的记忆信息越多，你就越容易"钩出"你想要的信息。使用思维导图，你知道和学到的越多，你就越容易知道和学到更多！

三、思维导图软件在知识组织中的优势

（一）可视化的等级层次

Mindjet MindManager 这种可视化的工具，能够和微软 IE 浏览器和 Office 系列的 Word、PowerPoint、Outlook、Project 等无缝对接，帮助用户管理专业信息，概述大型文档，规划一个演示，准备论文写作，等等，用可视的等级制度来快速捕捉网页和各类信息。

（二）强大的内部搜索功能

MindManager 思维导图软件最方便的地方在于它的内建浏览器可以直接浏览这些网页链接和在线的 PDF 文档。强大的搜索功能不但可以直接搜索思维导图中的关键信息，还可以将其他文件夹下存放的思维导图的搜索结果，以树状结构显示在当前的思维导图中，让用户从大量杂乱的信息中发掘最有用的内容。

（三）与 Microsoft Office 高度集成

用 MindManager 整理过的网页思维导图可以保存为 Flash 或交互式 PDF 格式，可以很方便地发送给其他人或发布到网页及博客上。让你的朋友不需要专业软件也可以了解个人的想法。利用它制作的思维导图文件可以与 Microsoft Office 高度集成，无须打开 Office 就可以编辑思维导图中的 Office 附件，还可以将你制作的文件保存为 Word、Excel、PowerPoint、Vision 等。这个以你研究的问题为中心概念的思维导图保存和输出时，会自动命名为你研究的中心概念名称。

（四）多元化的文件保存和输出格式

以研究主题为核心，不同内容的网页被整理成树形或放射状的层级结构图。当你需要写论文或准备课件时，这个网页导图文件可以直接保存输出为 PPT 大纲或论文的大纲，一目了然，十分便利。大纲下的每一等级都是一个网页的超链接，让你随时打开收藏的网站参考。

我们看一下上面的"可视化教学"思维导图以 PPT（Powerpoint）大纲的方式输出，作为课件的一部分，结果会怎么样呢？

在 Mindjet MindManager Pro 中打开 File，选择 Save As，弹出窗口，如图 6-7、图 6-8、图 6-9 所示。选择保存类型为 PPT，单击"Save"，结果显示为一个以"可视化教学"为名的 PPT 文件。

图 6-7　保存思维导图文件为 Office 系列文档

四、实例演示

在浏览网络之前，先打开 Mindjet MindManager 软件，在其中新建一个中心主题——网络学术资源；再建立两个下级概念——免费网络学术资源和图书馆数据库资源；然后上网搜索，当搜到并打开"Google 学术搜索"这个网站时，在 IE 浏览器工具栏中单击"send to Mindjet MindManager"这个预先安装好的插件。这时，"Google 学术搜索"的网站名称和地址就自动加入到思维导图文件中了。

再看细节，如图 6-10 所示，我们可以看见 Google 学术搜索以超链接方式插入了

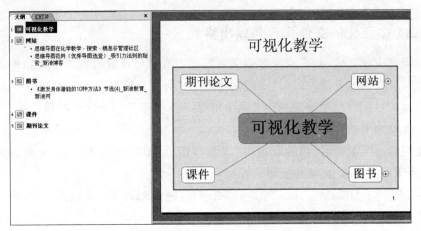

图 6-8　思维导图文件直接输出为 PPT 大纲——左边大纲、右边幻灯片

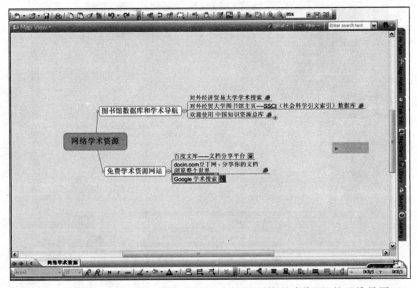

图 6-9　Mindjet MindManage 界面——关于"网络学术资源"的思维导图

免费学术资源的下级类目中，如图 6-10 所示。

以此类推，我们可以插入很多相关网址，并随时可以打开网站浏览，如图 6-11 所示。我们要找图书馆的学术资源，可以单击其中一个网址——"欢迎使用中国知识资源总库"，这是中国知网数据库的地址。

打开后，显示如图 6-12 所示。

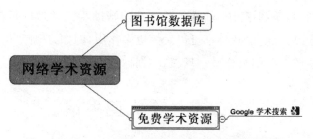

图 6-10 "Google 学术搜索"网页插入思维导图文件

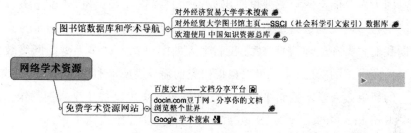

图 6-11 打开思维导图中的一个网址——中国知识资源总库

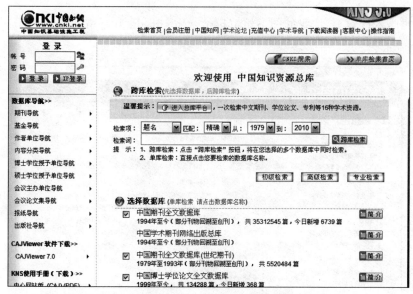

图 6-12 图书馆数据库学术资源——中国知网数据库

思维导图软件是一种视觉化思考软件,协助用户组织构想及内容大纲,可以用简易的操作方式快速产生、组织、传播信息与知识。我们在上文中制作的并不是真正意义上的思维导图,只是利用此类软件的基本功能帮助我们整理网页信息。在信息检索的整个过程中,思维导图软件都可以发挥更多作用,例如,选题、构思和写作等。其具体方法可以参照上面的操作举一反三,根据你的需要来使用。

第二节　个人图书馆

当我们找到了网上的图书或论文,虽然网上能提供免费全文下载,但是下载到电脑中会占用太多存储空间。有些电子书或论文只提供在线浏览,不能下载。为了方便以后能很容易地找到这些重要的信息,我们可以利用一些学术搜索平台自带的工具来帮助我们分类和整理信息,建立我们个人的图书馆。许多大型的网络数据库都配置了个人图书馆的功能,用户可以根据研究的需要建立个性化的个人图书馆。

国内的超星读秀学术搜索平台和中国知网等数据库都提供个人图书馆工具。国外 ISI Web of knowledge 平台、Sage 数据库也可以建立个人图书馆。

一、读秀学术搜索平台"我的图书馆"和学习空间

读秀学术搜索平台"我的图书馆"（http://mylib.duxiu.com/a/index.action）,如图 6-13 所示。

图 6-13　读秀学术搜索——我的图书馆

　　读秀学术搜索平台"我的图书馆"是属于个人的网上收藏空间,你可将在读秀等网站上的各种信息收藏进来,并能够在此发表文章、发布图片、上传文件,还可以创建各种主题的知识库,和志同道合的朋友们沟通交流、分享资源。

（一）创建读秀"我的图书馆"

　　如果没有图书馆账号,在首页单击"快速注册",根据提示填入正确信息,然后单击"完成注册"即可进入你的图书馆。若已有账号,请在首页单击"登录我的图书馆",输入用户名和密码即可。我的图书馆拥有独立域名(http://mylib.duxiu.com/用户名),用户名不可更改。

（二）新建、添加、管理与编辑收藏

　　可以通过单击读秀等网站上提供的"收藏"按钮,将各种资源收藏进我的图书馆。

1. 新建收藏

　　在我的图书馆内,可以单击右上侧的"新建"按钮,发表文章、发布图片、上传文件如图 6-14 所示。

图 6-14　读秀平台——我的图书馆（新建收藏）

2. 分类管理收藏

　　可以通过建立分类标签,对收藏进行归类整理。

　　选中某个分类后,右键有"新建子目录""重命名""删除"3 个选项可以帮助你("我的图书馆"无法进行重命名和删除的操作)。单击分类栏上方的加号图标,可以在当前选中的分类下新建子分类,如图 6-15 所示。

　　（1）出现加号图标,表示将"当代文艺"设为"欧洲哲学史"的子分类,见图 6-16；

　　（2）出现箭头图标,表示将"music"调整顺序至"中国古典文学"和"当代文艺"之间,见图 6-17。

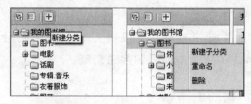

图 6-15　读秀平台——我的图书馆（分类管理收藏）

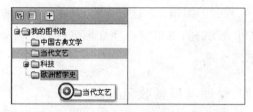

图 6-16　读秀平台——我的图书馆之三

图 6-17　读秀平台——我的图书馆之四

3. 收藏的移动、编辑、删除和批量操作

可以通过每条收藏标题栏右侧的 3 个图标对该收藏进行管理。

（1）编辑、移动、删除收藏如图 6-18 所示。

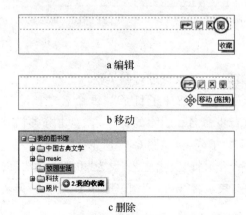

a 编辑

b 移动

c 删除

图 6-18　编辑、移动、删除收藏示意

（2）批量操作。移动至分类（同单个收藏），不同的是批量操作时不可排序；可批量收藏至自己的图书馆或专题馆，如图 6-19 所示。

图 6-19　批量操作示意

（三）本馆收藏的搜索

"最新收藏"上方有一个小搜索框，可以对个人的所有收藏进行全文搜索，包含标题和内容。检索词至少为两个汉字，如图 6-20 所示。

图 6-20　最新收藏示意

（四）我的好友

将其他用户加为好友后，他们就会出现在馆内了。"我的好友"后面括号内的数字即是全部好友数量。可以通过"管理"页面看到全部好友，并可以给他们发消息或进行删除。单击头像右下角的图标可以直接给他们发送短消息。选中某好友后，在页面下方可以删除该好友，如图 6-21 所示。

图 6-21　我的好友

可以通过短消息和其他用户们联络。当个人有新消息到达时，馆内会出现如图6-22 所示的数字提示，告诉你有几条未读消息。

图 6-22　我的消息

（五）馆内设置和个人设置

可以在此修改图书馆的名称和描述，以及馆内的左右布局。显示主题分为天蓝（默认）、葱绿、粉红 3 种颜色，如图 6-23 所示。

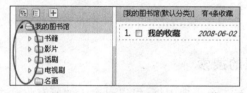

图 6-23　馆内设置和个人设置

（1）修改自己的头像。如果上传头像，大小须在 50K 以内。

（2）修改图书馆的登录密码。

（3）填写、修改个人信息。将光标移动到头像上，会自动显示个人馆长的用户名和个人信息（如图 6-24 所示）。

图 6-24　个人信息示例

（六）最新收藏

单击"最新收藏"标题栏，即可打开它。

上面列出了最新的 10 条收藏和收藏时间。通过右上方的"全部收藏"可以查阅按收藏时间排序的全部馆藏，如图 6-25 所示。

图 6-25　最新收藏

（七）读秀学习空间

读秀学术搜索平台 2017 年增设了一个个性化的科研和学习平台——学习空间，如图 6-26 所示。学习空间囊括了原有个人馆的功能，并增设了学习计划、调查问卷等新栏目。

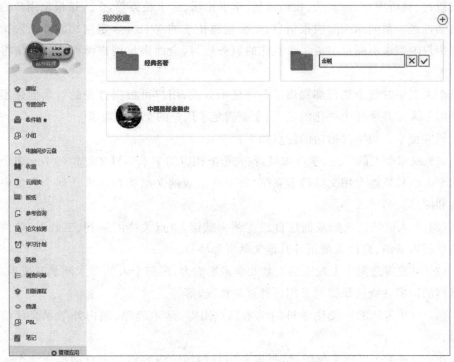

图 6-26　读秀学习空间的"我的收藏"栏目示例

二、CNKI 个人数字图书馆（PDL）

（一）个人数字图书馆说明

个人数字图书馆开创了个人使用数字资源的新局面。个人用户可按需定制资源、检索平台、功能、情报服务，按需配置显示模板和显示方式，个人馆提供了超越一般的资源订阅方式，为用户提供了个性化、交互式学习研究的空间。

在资源方面，平台支持对数据库专辑、学科专业、整刊资源以及各种类型单篇文献的定制，使用户可以按不同需要定制网络出版总库的资源，在个人数字图书馆建构个性化资源馆。

个人馆默认包含了功能强大的检索平台。用户可对馆内文献使用多种检索方式进行检索，并通过文献出版统计报表了解馆内各专业文献的出版现状和每日新增文献。用户还可根据自己的需要对检索平台的资源及检索方式做个性化配置。

个人数字图书馆为用户提供了多种个性化服务栏目，用户可定制学者、机构、学术出版物、科研项目、检索式、投稿信息、学术论坛、学术趋势等，个人馆根据用户的定制自动推送一系列相关的情报信息，全面超越传统的 Web rss 定制功能。个人馆也根据用户的需求不断推出更多个性化的服务栏目，全面满足用户学科调研及情报分析的需求。

个人馆中的每个栏目都提供了多种显示方式，用户可根据自身的需求创建不同类型的个人馆并选择个性化的模板，全面满足了用户的个性化需求。

研究型个人数字图书馆的特点如下：

（1）根据个人的研究、学习领域，预先选配相应的学术学科文献馆（3 700 多个），成为个人的权威性专用文献检索系统，每天新出版的文献将自动推送到个人馆中供检索和阅读。

（2）个人可按需选配或创建自建主题文献馆，重点关注的期刊、工具书，单位自有的数据库资源、桌面文献馆等其他文献资源项目。

（3）可按需选配个人发表的文献及学术影响力，跟踪个人的学术圈最新成果，个人承担的国家各级科研课题及国内外进展情况，等等。

（4）可按需选配所关注学科的学术热点跟踪、学术趋势、国内外学术会议信息等等。

（5）所选配个性化文献馆、情报服务项目的相关内容将每天自动推送到个人的个人馆中供阅读。

（二）创建个人馆

在首页单击"创建个人数字图书馆"链接进入个人馆创建页面，如图 6-27 所示。

1. 填写个人基本信息

在此必须填写的个人基本信息有用户名、密码、再输一次密码、取回密码需回答的问题、问题答案、关注的学科领域、真实姓名、工作单位/学校名称、手机号、Email、验证码。

很快，用户的手机会收到验证码，在输入框中输入收到的验证码，即可举报占用您手机号的用户。被举报的用户在进入个人馆时，会要求修改手机号，否则不能使用

图 6-27 CNKI 个人馆创建页面

个人馆。

　　一个 Emai 只能创建一个个人馆,如用户用一个 Email 重复创建个人馆,则在 Email 输入框下方提示用户"该邮箱地址已被使用注册,请重新输入! 这是我的邮箱地址,我要举报",邮箱举报流程与手机号一致。输入的 Email 地址必须符合邮箱的格式,如输入的格式不正确,则提示"Email 格式不正确,请重新输入",如图 6-28 所示。

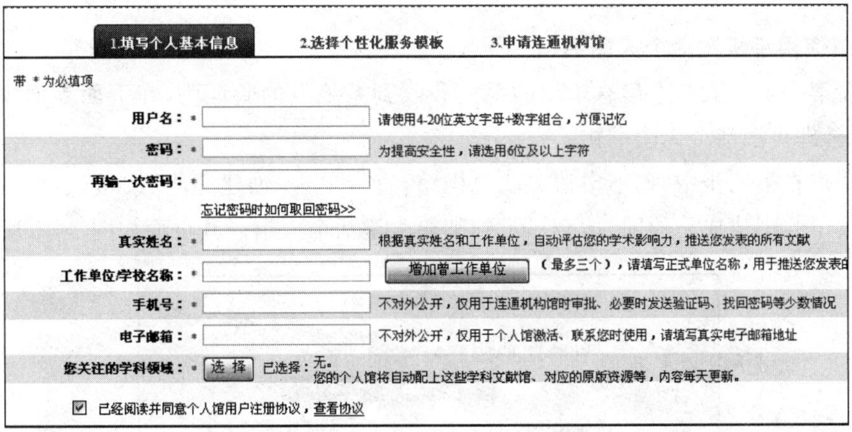

图 6-28 CNKI 个人馆注册信息

2. 选择个性化服务模板

如图 6-29 所示。

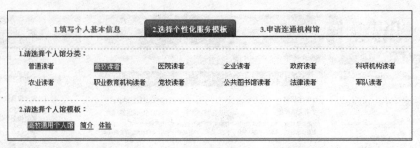

图 6-29　CNKI 个人馆选择个性化服务模板

3. 申请连通机构馆

根据用户填写的工作单位/学校名称，自动检出已创建的相关机构馆。个人馆用户可向自己所在机构的机构馆提出加入申请。其页面如图 6-30 所示。

图 6-30　CNKI 个人馆申请联通机构馆

4. 使用手机激活个人图书馆

在第一步个人基本信息中填的手机会收到系统发的验证码，在下面界面中输入验证码，即可激活个人图书馆。

用户在第三步中，如不申请关联机构馆，直接单击"创建完毕"按钮，也能成功创建个人馆。创建成功的同时，会提示到邮箱去激活个人馆。其页面如图 6-31 所示。

图 6-31　用手机激活个人图书馆

用户可单击"立即去邮箱激活个人馆"按钮，直接进入注册的邮箱。

用户将会收到一封 CNKI 注册激活邮件。文字如图 6-32 所示。

图 6-32　CNKI 个人馆注册激活页面

单击"单击此链接，激活个人馆"链接，则弹出"激活成功"的提示框，单击"确定"按钮，进入登录页面，输入用户名和密码，就可以进入个人馆了。

个人馆首页根据用户在"建设和管理个人馆"设置的栏目选择和位置显示方式来显示各个栏目。页面显示如图 6-33 所示。现以通用型模板（包括研究型、中小学教育、生活型个人馆的所有栏目）为例来说明个人数字图书馆的主要功能，如图 6-34 所示。

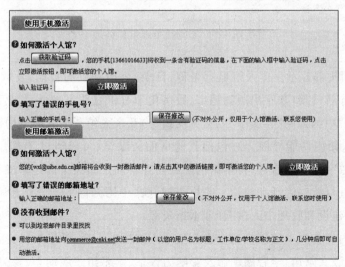

图 6-33　手机激活个人馆示意图

图 6-34　CNKI 个人馆首页

（1）页面头部显示。个人馆显示名称、日期（公历和农历日期）及数字出版平台重要页面的导航链接（数字出版物超市、数字化学习研究平台、学科专业数字图书馆、浏览器下载、"中国知网"客服中心、意见反馈等）及个人馆所加入的机构馆的链接。

（2）个人馆内功能导航。它包括我的桌面文献馆（可以通过下载并安装 CNKI 桌面版个人数字图书馆软件，将本馆选配的内容自动发布到桌面计算机上，并与桌面收藏的文献进行统一管理和检索）、账户查询、购"中国知网"卡、充值中心及帮助；另外可以进入"建设和管理个人馆"管理本馆资源。

个人馆内的各类型定制栏目。它包括个人馆检索平台、学术学科文献馆、自建主题文献馆、原版文献馆、学者圈动态及影响力评估、学术组织圈动态、我关注的国家级科研项目、机构馆单库检索馆藏资源、机构馆可跨库检索馆藏资源、本人学术影响力测评、本人承担的科研项目、我收藏的“中国知网”文献、学科学术热点、会议信息网、学术趋势搜、学术圈公开论坛，以及法律类、教育类、生活类、党建类的个性化的栏目等等后台配置的所有栏目都在这里显示。定制类的栏目在前台显示时均有“选配内容”按钮，您可以直接在前台实现各个栏目的资源选配，同时也可以在“建设和管理个人馆”页面，进入信息服务项目配置，单击各个栏目旁的选配内容，对各个栏目进行资源选配，下面将逐一介绍个人馆首页各个栏目的功能与选配步骤。

5. 为个人馆配置资源

配置资源可以在创建个人馆的过程中完成，也可以在创建完成后的个人馆后台进行资源的个性化定制。

对于新用户，学科学术文献馆将根据创建时输入的所关注的学科，为用户推送相关的文献资源。此栏目在首页的显示如图 6-35 所示，其中包括了用户关注的各个学科的学科快报(所定制的学科的最新文献)以及学科文献影响力价值分析报表，同时在每个学科下可进入相应的学科专业馆。文献总量为该学科下的文献总数，单击统计数字进入文献检索页面，可进一步检索用户所需的文献。

序号	最新文献名称	作者	文献来源	来源库	发表
1	心理重建须重视最新	本报记者 陈海波	光明日报	报纸	2013-
2	农村小学留守儿童社会支持与孤独感研究最新	刘宗发；	教育评论	期刊	2013-
3	学前儿童异龄同伴交往行为的特点最新	吴育红；	教育评论	期刊	2013-
4	积极心理学观照下大学生自我意识的优化最新	李文英；	教育评论	期刊	2013-
5	老年人老化态度与主观幸福感的关系最新	张雪净；杨劲；	牡丹江大学学报	期刊	2013-

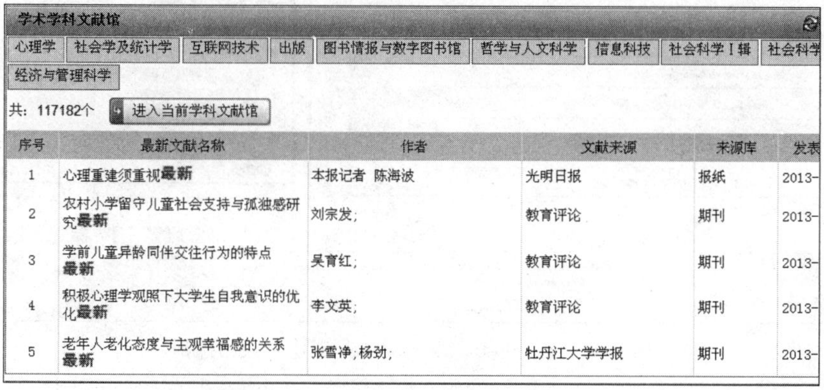

图 6-35 个人馆配置资源

首页的表格列出了管理员配置的学科或专辑的文献信息，单击不同的学科名称可切换各学科的信息，橙色代表是此学科下的信息。

6. 建设和管理个人馆

可到“建设和管理个人馆”设置在个人馆首页需要显示的栏目、各栏目在首页显示的位置和显示方式，个人馆首页将按照栏目设置来显示馆内资源。

三、如何在 ISI Web of Knowledge 平台创建个人图书馆

在 ISI Web of Knowledge 平台可以免费注册使用 Endnote Web 软件并建立自己的个人图书馆，个人不仅可以把在 ISI Web of Knowledge 平台检索到的文献保存在图书馆中，还可以将其他来源的数据文献保存在其中，以备将来查询和使用。

创建个人图书馆的具体操作如下。

（一）注册个人账号

为了让 Web of Science 知道个人的邮箱地址，在做引文跟踪之前，首先要用个人已有的电子邮箱在 ISI Web of Knowledge 中进行注册，如图 6-36 所示。注册方式如下：

（1）登录：http://www.newisiknowledge.com 进入 ISI Web of Knowledge。

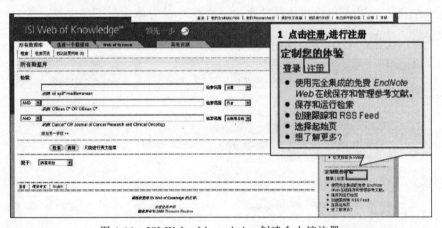

图 6-36　ISI Web of knowledge 创建个人馆注册

（2）在新弹出的页面中填写个人的电子邮箱地址并确认，完成后单击"继续"按钮，如图 6-37 所示。

注意：

（1）如果个人已在 EndNote Web 上注册过，就不用在 ISI Web of Knowledge 中再注册了，可以使用同样的 E-mail 和密码登录。

（2）密码必须大于、等于 8 位，并至少包含一位 0～9 的数字、一位字母及一位特殊符号，如!、@、#、$、%、^、*、(,)、~、{,}。

跳转至填写个人信息的注册页面，如图 6-38 所示。

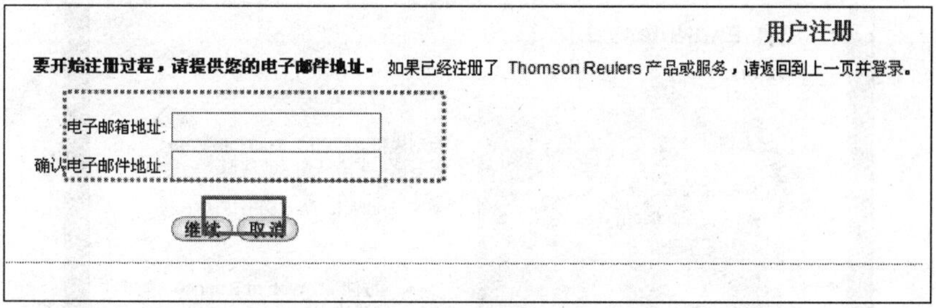

图 6-37 ISI 个人馆电子邮箱注册示意

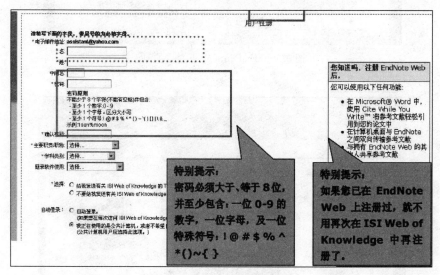

图 6-38 ISI 个人信息注册页面

（二）登录 Endnote Web

注册成功后，每次访问 ISI Web of Knowledge 时，单击"My Endnote Web"，利用已注册的电子邮箱及在 Web of Knowledge 注册时留下的密码登录自己的账户，就可以进入自己的个人图书馆了，如图 6-39 所示。

初次登录时个人可以看到如下界面，这是个人使用 Endnote Web 的一般操作步骤，如图 6-40、图 6-41 所示。

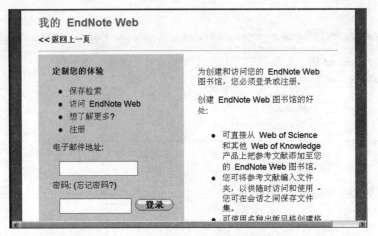

图 6-39　EndNote Web 登录页面

图 6-40　EndNote Web 操作步骤示意

（三）EndNote Web 功能介绍

1. EndNote Web 的特点

（1）与 Web of Knowledge 无缝整合；

（2）个人图书馆中最多可以保存 10 000 条记录；

（3）任何时候都可以获取个人图书馆；

（4）Output Styles——很容易地格式化书目信息；

（5）Connection Files——直接连接、检索上百个网络数据库下载数据到自己的图书馆；

（6）"Cite-While-You-Write"方便地帮助用户将参考文献导出、插入且格式化。

2. EndNote Web 的使用说明

（1）在 EndNote Web 个人图书馆中存入所需的文献，如图 6-42、图 6-43、图 6-44 所示。

（2）Endnote 与 Web of Knowledge 无缝对接，如图 6-45、图 6-46 所示。

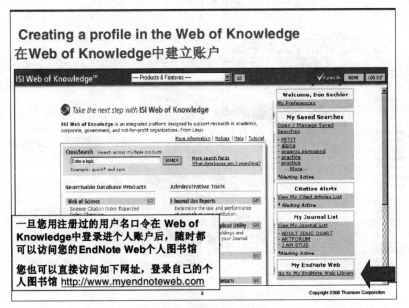

图 6-41　EndNote Web 登录个人馆说明

（3）在个人图书馆中检索，如图 6-47 所示。

（4）格式化书目信息，如图 6-48、图 6-49 所示。

图 6-42   EndNote Web 个人馆存入所需文献

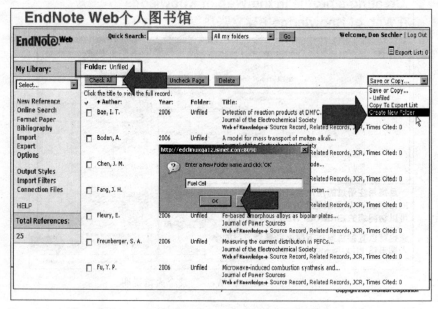

图 6-43   EndNote Web 个人馆保存文档示意之一

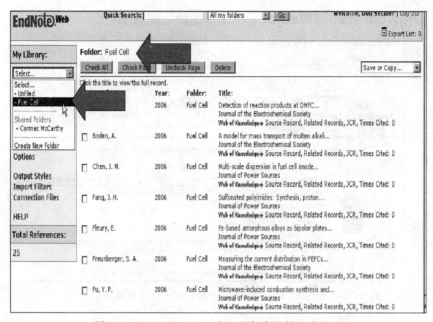

图 6-44 EndNote Web 个人馆保存文档示意之二

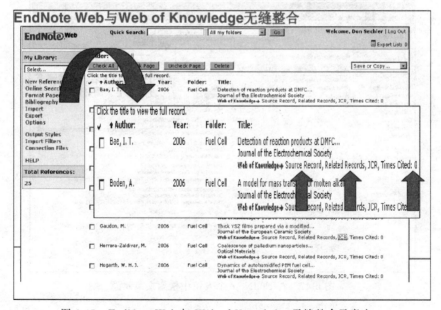

图 6-45 EndNote Web 与 Web of Knowledge 无缝整合示意之一

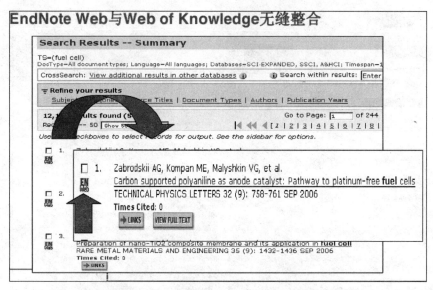

图 6-46　EndNote Web 与 Web of Knowledge 无缝整合示意之二

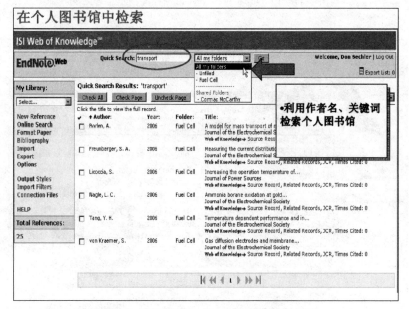

图 6-47　在 EndNote 个人馆中检索文献示意

（5）下载 Cite-While-You-Write 插件，如图 6-50、图 6-51 所示。

（6）嵌入 Word 文档中的 EndNote Web 工具栏。

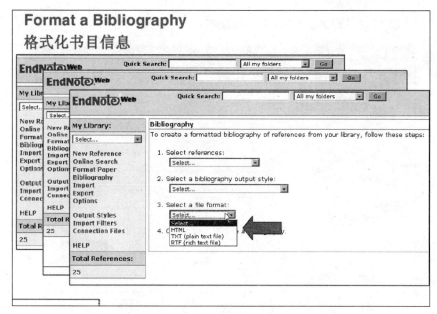

图 6-48 EndNote 格式化书目信息示意之一

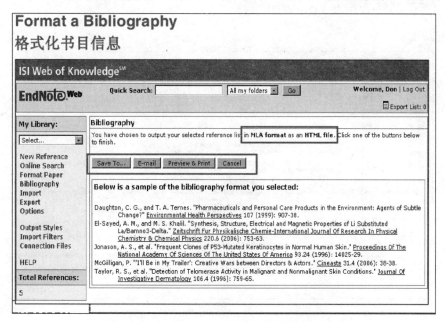

图 6-49 EndNote 格式化书目信息示意之二

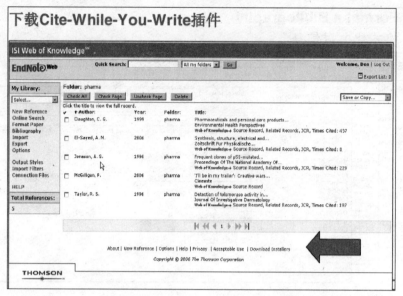

图 6-50　EndNote 下载 Cite-While-You-Write 插件示意之一

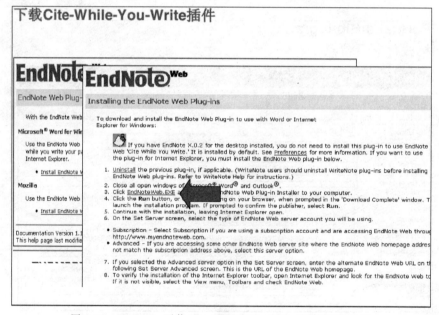

图 6-51　EndNote 下载 Cite-While-You-Write 插件示意之二

这样，我们就可以在 Word 中边写作边利用 EndNote Web 来引用参考文献了。

结论：在 ISI Web of Knowledge 平台个人只需要简单注册就可以拥有自己的个人图书馆，个人可以利用这个图书馆保管文献资料，甚至可以利用其中的"边写作边引用功能"来规范文中和文后参考文献格式，提高论文写作效率，如图 6-52、图 6-53 所示。

图 6-52　Word 文档中嵌入 EndNote Web 工具栏示意之一

图 6-53　Word 文档中嵌入 EndNote Web 工具栏示意之二

　　个人图书馆的类型有很多，很多网络搜索平台和外文数据库都有类似的功能。在此不再一一赘述。无论是利用网络搜索引擎、大型学术搜索平台，还是单个数据库检索，我们都可以让这些文献管理软件或个人图书馆成为自己学习和研究的好助手。

第三节　云　笔　记

　　由于现代快节奏的生活和工作压力，人们需要一种更方便的工具来整合各大平台信息、记录闪现的灵感、罗列生活清单、记录工作日志等。云笔记正是这样一种跨平台的简单高效的个人记事备忘工具,能够实现 PC,移动设备和云端之间的信息同步。云笔记操作界面简洁高效,各种会议记录、日程安排、生活备忘,奇思妙想、快乐趣事以及任何突发灵感都可快速记录到云笔记中,更支持拍照和添加图片作为笔记附件,如果在上传图片过程中,不小心删了图片,也可以在云笔记找到。云笔记作为一种个人知识管理的工具,更多运用于云端的知识管理。

现在市场上常用的云笔记有印象笔记、有道云笔记、为知笔记、OneNote,等等。

一、四种常用云笔记简介

1. 印象笔记(Evernote)

印象笔记是世界上最早的云笔记之一。印象笔记源自于 2008 年正式发布的多功能笔记类应用——Evernote。大象是记忆的标志,印象笔记的 Logo 是一个大象的标志。

印象笔记的基本功能如下。

(1)保持同步。支持所有的主流平台系统,一处编辑,全平台之间可以同步。同时,印象笔记支持 Web 版和移动网页版,只要能上网的设备均可以在浏览器中打开进行操作。

(2)剪辑网页。用网页剪辑插件保存完整的网页到印象笔记账户里。

文字、图片和链接全都可以保存下来,还可以添加高亮、箭头等标注。支持 Google Chrome、Safari、IE 7+,Firefox 和 Opera 等主流浏览器。

(3)深度搜索。搜索是印象笔记最具特色的功能,也是区别于其他云笔记软件的核心。印象笔记可以搜索到图片内的印刷体中文和英文以及手写英文,此搜索对 PDF 文件、Excel、Word、PPT 中的中文和英文也同样有效。

(4)储存重要资料。印象笔记支持任意格式文件作为附件插入到笔记中,并实现跨平台同步,方便不同平台之间的文件资料管理。

(5)团队协作。印象笔记在 2012 年 10 月推出了共享笔记本功能,允许不同用户之间共同编辑一个笔记本,实现团队协作办公。

(6)支持第三方。印象笔记支持快速保存微信、微博消息和文章、QQ 浏览器、鲜果联播、豆果美食、飞信短信客户端等大量第三方协作应用。

印象笔记最常用的操作就是保存微信文章和网页文章,保存的格式也非常完美,可以选择保存一个区域、全文或者只保存链接。印象笔记的搜索功能也很强大,能搜索图片上的文字,能在使用搜索引擎时搜索。印象笔记免费用户只能登录两台设备,每月流量只有 60 兆，一般用户基本够用。会员价格一年 100 元左右。印象笔记官网页面如图 6-54 所示。

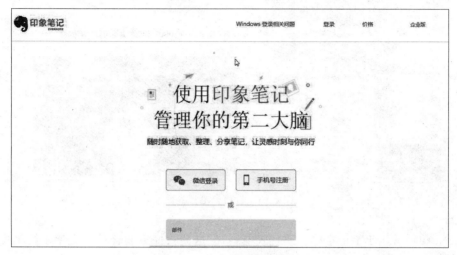

图 6-54　印象笔记官网页面

2. 有道云笔记

有道云笔记是网易出品的云笔记软件，可以实现新建笔记，在笔记中输入文字内容，插入图片、表格、附件，随时随地记录身边点滴；上传办公文档，直接在有道云笔记内管理、查看和编辑各类 Office、PDF 文档；自动实时备份，有道云笔记将您的宝贵数据实时同步到云端，永久留存；多平台信息同步，通过电脑、手机、网页随时随地查看和编辑您的文档资料。

有道云笔记能够录音并实时转换为文字，能够拍照扫描文档，能够在线打开 Office 文档，编辑功能比印象笔记更强大，阅读起来也很美观。电脑客户端做得不错，能够多端同步，没有设备限制。

有道云笔记对 markdown 的支持是其优势之一，并且能够实时保存。有道云免费空间很足，免费用户有 3G，会员有 50G，可以当作网盘来使用。有道云笔记的缺点是保存微信文章和网页文章不方便，经常保存的文章会格式错乱，段落重叠，特别是对于代码，基本没法阅读。有道云笔记的搜索功能也不是很强，只能搜索到文字中的内容，图片和文档都不能实现。

有道云笔记的界面如图 6-55 所示。

3. OneNote

Microsoft OneNote 是一套用于自由形式的信息获取以及多用户协作工具。

图 6-55　有道云笔记界面

OneNote 最常用于笔记本电脑或台式电脑，但这套软件更适合用于支持手写笔操作的平板电脑，在这类设备上可使用触笔、声音或视频创建笔记。目前最新版本为 Microsoft OneNote 2019 。

OneNote 软件的界面实际上就是我们所熟悉的，带有标签的三环活页夹的电子版本，可用于直接记录笔记，但也可用于收集打印的"页面"，或由其他应用程序发送过来的页面。页面可以在活页夹内部移动，同时可通过电子墨水技术添加注释，处理文字，或绘图，并且其中还可内嵌多媒体影音或 Web 链接。作为容器以及收集自不同来源的信息仓库，OncNotc 笔记本非常适合用于整理来自某个课程或研究项目的大量信息。

OneNote 的重要创新之一是内建的搜索功能，以及可检索的图形和音频仓库。图像文件（例如屏幕截图、扫描的嵌入式文档或照片）中可以搜索内嵌的文本内容，电子墨水注释也可作为文字进行搜索。音频内容也可以通过关键字进行语义搜索，同时还可以在录制的同时播放笔记中记录的内容。

该软件的多用户功能可实现脱机编辑和随后的同步合并，并可以段落为基础进行合并。这使得 OneNote 成为一个非常适合就某个项目进行协作，而且所有成员并非总是在线的情况下使用的强大工具。

OneNote 可以在任何地方打字、写字、做标记。当然，这也决定了它在手机上不太方便，屏幕太小，不方便操作。但是在 iPad 和计算机上体验非常不错，相当于有了一个真正的笔记本，可以写，可以画，还能阅读文档，在文档上做笔记。

OneNote 还有些独特的功能,例如可以直接复制出图片的文字,准确率也相当高。可以直接复制 Office 的 Word 或者 Excel 到 OneNote 里面。笔记内容存在 OneDrive 上面,所以笔记空间很大,可以分区、分级、分页。网页文章保存功能也很方便,格式基本完好,搜索功能很好。

OneNote 的缺点是同步问题,同步速度较慢,网页端无法访问,只能在客户端中使用。

4. 为知笔记

为知笔记定位于高效率工作笔记,主打工作笔记的移动应用,是目前国内一款"工作笔记"的云笔记类产品。除了常用的笔记功能保存的网页、灵感笔记、重要文档、照片、便签等,为知笔记重点关注"工作笔记"和"团队协作"这两个方面,解决团队记录和团队协作沟通的需求。为知笔记随时随地记录和查看有价值的信息。所有数据在电脑、手机、平板、网页可通过同步保持一致。

为知笔记作为一个强大的个人知识管理软件,具备强大的知识管理能力。知识管理,包括知识生成与获取,微观的知识管理,知识分享三个方面。对应于以上三点,为知笔记都拥有完善的方案来解决。为知笔记的界面如图 6-56 所示。

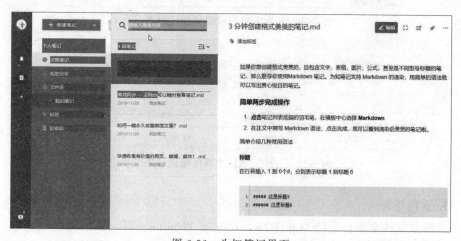

图 6-56 为知笔记界面

二、几种云笔记的主要性能比较

1. 安装包大小

有道云笔记 51.1MB、印象笔记 42.2MB、OneNote62.3MB、为知笔记 37.1MB。

2. 云笔记存储空间

有道云免费 3G 空间，每日签到增 2MB。印象笔记免费账户每月限 60MB 上传流量。OneNote 未做说明。为知笔记可用流量 10G（使用 100 天后不付费，笔记将无法上传云端）。

三种云笔记的主要性能比较，如图 6-57、图 6-58 所示。

有道云笔记，为知笔记，印象笔记功能对比（2019）			
功能	有道云笔记	为知笔记	印象笔记
登录	邮箱，手机号，第三方	邮箱，手机号，第三方	邮箱，手机号，仅微信
新建笔记	选择文档类型后创建	单击直接新建，长按选择文档类型	单击直接新建，文档内可以选择模板
是否支持Markdown	是	是	是
是否支持电子文档扫描	是	否	是
是否支持语音速记	是	仅录音，无法实时转换文字	仅录音，无法实时转换文字
文档中是否可以添加手写	仅支持单独手写	是	是
是否支持办公文档拖曳上传	是	是（附近上传）	是
是否支持多平台收藏（一键保存至云笔记）	是	是	是

图 6-57　几种云笔记主要性能比较之一

功能	有道云笔记	为知笔记	印象笔记
是否免费	是	否	是
云空间	初始3G，签到可增长，无上传流量限制	无上限，收费	每月60M上传流量，云空间未知
会员购买	198/年	60/年	144.2元/年

图 6-58　三种云笔记主要性能比较之二

3. 支持平台

这四款软件全平台支持 Mac、IOS、Android、Windows 等。

4. 处理速度

两款国外的云笔记印象笔记和 OneNote 服务器在国外，同步效果差强人意，处理速度也相对另两款国产软件慢。

5. 记录方式

6. 夜间模式

除了为知笔记有，其余 3 款均无。

7. 文件搜索功能

印象笔记有一个比较强大的功能，就是对 PDF 和 Office 文件的深度搜索，可以在搜索栏里直接检索文件内容。但是这个功能只有收费版才有。

有道云笔记的文件检索不支持附件搜索，必须要以 Office 文档形式上传到有道云笔记中。也就是要在添加里面点上传文件。如果简单的拖放，就会保存成附件形式，就无法使用文件内搜索了。

8. 分享功能

有道云笔记：长图、二维码、链接分享；印象笔记：邮件、链接分享；OneNote：文本、PDF 分享；为知笔记：链接分享。

9. 文字编辑功能

印象笔记在添加完附件以后，可以在笔记内进行标注解释等，方便写报告时，把归纳处理好的数据写进正文，把原始数据放进附件。有道云笔记在添加附件之后，并不能在同一个界面内进行标注。印象笔记可以对图片进行标注，有道云笔记没有这个功能。但是有道云笔记可以对图片进行角度校正与剪裁。

10. 文件导出

为知笔记和有道云笔记不支持导出到印象笔记，但是印象笔记可以随时导出到 OneNote、有道云笔记和为知笔记等，这是印象笔记兼容性最高的性能之一。

印象笔记支持导出为网页格式，有道云笔记支持 PDF 和 Word 格式。

11. 跨软件支持内容收藏

有道云笔记、印象笔记和为知笔记均支持微信、微博、网页、新闻等收藏，OneNote 无说明，想收藏可以复制链接粘贴至笔记中。

前三个笔记都支持网页剪切功能，一键保存到笔记，都有类似"网页剪报"的插件，能够轻松收藏网页内容；微信、微博、知乎等主流内容平台的内容，也支持一键收藏。但印象笔记 OpenAPI 最为丰富，包括多看阅读、zaker、彭博商业周刊之类非主流的阅读应用也支持收藏。

12. 语音速记

在语音速记方面，有道云笔记表现很出众。平时有什么灵感，直接对着手机说出来，回头再整理，比打字要高效很多。有道云笔记在录音时直接嵌入语音识别（讯飞），一边说话，一边就转换成文字了。语音与文字是一一对应的，哪一句话出问题了，只要把这一小段语音重说一遍就行，非常方便。等到把语音全部整理好，一键导出就可以转化成普通笔记。

课 后 习 题

一、思考题

1. 目前比较流行的思维导图软件主要有哪些？尝试比较它们之间的异同？

2. 请比较几种常见云笔记的优缺点。

二、操作题

1. 请利用任意一款思维导图软件绘制针对自选主题检索策略的思维导图。

2. 请任选一种云笔记，整理并分享自选主题的微信文章。

CHAPTER 7
第7章
社科信息综合利用与论文写作

信息成果是个人或团体为特定的目的,对所搜集的信息进行分析加工后所得到的新信息的统称或综合应用信息的结果。我们搜索和评价信息的目的是更好地利用信息解决问题,这个问题可以是非常具体的生活问题,也可以是为了准备报告或写论文。在大学期间,我们也可能为了一次社团活动或一次辩论赛来检索和利用信息。不论你的初衷是什么,对于这些你辛苦得来的信息成果,我们不能像对待用过的抹布一样随手就扔了。从前面章节中,我们已经学习了很多信息检索的知识和技巧,也掌握了一些文献管理的工具软件,如果你从一开始检索时就有意识地运用了这些技能,不知不觉中,你已经是一个拥有丰富馆藏的个人图书馆馆长了。

现在你需要着手做的事除了解决你当前的问题,也许更有意义工作还在后面。你的个人馆藏中还有大量没有来得及消化的文献等着你去读,还有许多有趣的工具软件等待你去熟悉它、发掘它的新功能。例如,我们前面介绍的思维导图软件。在大量阅读文献和熟悉各类工具技能的过程中,你可能有一些困惑或经验想与别人交流探讨。在 Web2.0 时代,信息交流的方式已经极大丰富,电子邮件、手机短信、微博、博客、网络社区论坛等,在自己的博客里记录这些想法并与人分享交流,也是信息利用的重要组成部分。也许在这个过程中你就逐渐对自己的专业研究或课题方向有了清晰的思路,写论文的灵感随后就出现了。

当你还是某个专业领域的新手时,对于发表文章还感觉是一项令人生畏的任务。克服这个困难最简单的原则就是"从大处着眼、从小处着手"。在信息检索和分析利用的过程中,既要对与课题相关的信息统揽全局、一网打尽,也要勤于思考和动手整理,不要怕麻烦。灵感得之于片刻,积之于平常。平日一点一滴的信息分析与整理,换来的是今后事半功倍、水到渠成的效果。

大学生常见的想法是:"写论文?等到毕业时再说吧。"事实上,在校期间有计划地组织发表一些论文对于你将来的职业发展是十分有利的。你越早动手,你就越早将你所学的知识融入职业规划中,获得的实践机会越多,特别是对于那些希望留在高校或出国继续专业深造的学生尤为重要，在大学发表文章的过程中所获取的课题研究和写作投稿经验，有助于扩展你的职业前景。

那么我们应该从哪儿入手呢？本章将从课题研究、期刊评价、写作方法、学术规范以及投稿指南等几个方面来讲述如何综合利用社会科学信息成果。

第一节　课　题　研　究

"课题研究"听起来是个很"学术"的词，其实并没有那么复杂深奥。大学生的课题研究可以从以下几个方面着手。

一、选修有关研究方法及论文写作的课程

在校就读时，除了专业课程，大学生应该主动选修一些有关研究方法及论文写作的课程，即使我们将来不一定从事学术研究，这样的课程也会让我们终身受益。如果自己的院系没有这类课程，我们可以到图书馆寻求帮助。大学图书馆一般都会开设信息检索与利用方面的课程，或者举办相关的培训讲座。我们常说："授人以鱼，不如授之以渔。"谁也不能确定今后终身的职业方向，专业课程固然重要，学会学习和研究的方法更有意义。

二、充分利用图书馆的信息资源和服务

在校期间，我们守着身边一个非常好的图书馆，可以免费访问图书馆提供的各类数据库。通过本校的图书馆，还可以联通全国乃至全球的共享资源体系。这些资源在我们离开校园后是不易获得的。因此，在校就读时，我们应该努力培养自己在某研究方向上的兴趣，充分利用图书馆信息资源，广泛深入地阅读这些领域的文献，并且有计划地整理和保存相关检索结果。

三、在大量阅读的基础上，练习写书评或文献综述

大学生选择研究课题可以从自己感兴趣的专业课程入手，根据你目前的课程阅读一些经典文献，并尝试着在自己的博客中撰写评论或读后感，如果有机会也可以给一些报刊投稿，发表书评文章。在研究和写作过程中，应及时有效地保存好研究笔记，收藏好相关检索记录，为今后的课题研究和写作提供大量的积累。关于整理信息成果的好方法，我们在前面章节介绍了一些。其实这类工具有很多，关键是你应该有

意识地运用到整个积累过程中,而不是突然想起来了才用它。如果你的课题研究能与将来的职业规划紧密联系起来,这些背景知识的积累将非常有益于你的职业发展。

除了做笔记、写书评、发博文、在一些专业论坛灌水发帖之外,你还可以把自己用文献管理软件或思维导图软件收藏的参考书目和网络资源改编为一个文献综述,对这个专题的文献积累作一个总结和评价。不要小看这个综述,虽然其中并没有你自己的原创思想,却对你将来的毕业论文选题和写作有直接的帮助。课题文献综述是学位论文开篇的重要组成部分。任何写作和研究都不能闭门造车,文献综述是对前人研究成果的回顾和总结,只有全面掌握了前人对于本课题的研究状况,你的研究和创新才是根基牢固的。

四、积极参加头脑风暴式的交流活动,寻求专家教授的直接指导

大学是一个鼓励合作与探索的地方,有些课堂讨论和辩论赛,类似于头脑风暴法教学,对激发你的发散性思维很有好处。最有利的是,这种交流往往是在专家教授的指导下进行,与他们的直接对话和交流十分难得,抓住机会获得最直接的有针对性的指导。然后,你还要多留意跟踪这些教授发表的文章和著作,从中发现与自己的研究兴趣的契合点,明确你的课题方向,继续你的研究。

第二节　选择和定位发表论文的期刊

你可能要问,还没开始写论文呢,怎么先考虑投稿的问题呢?

我们已经知道,无论写纯理论性的,还是写实践探索性的论文,都要从文献检索和调研开始。既然我们要花费一定的时间了解这些学术期刊和数据库,才能得心应手地进行检索。那么,不妨让我们在正式写作之前,先调研一下哪些期刊会乐意接受学生或新手的论文,哪些期刊的知名度和影响因子太高,还不适合我们目前的水平。

一、选择适合自己水平的期刊发表文章

第一篇发表的文章不一定要一鸣惊人,非得具有冲击性效果。有些大学的学生会有内部刊物,你可以先在此类刊物上发表文章。你也可以积极参与本专业的学生博客群,主动表达观点、提升你的知名度,获取宝贵的写作经验。一些优秀的论文,其雏形经常来源于网络博文。你可能也听说过,许多畅销小说最早是在网络文学平台流行起来才正式出版的。

还有一个普遍的误解是，认为必须先写好文章再跟编辑取得联系。事实上，你可以先把文章简短的摘要发给编辑，先沟通一下整体构思和创意。许多英文期刊编辑部其实希望作者在研究早期能与他们保持联系，以便于他们能及时提出意见，确保你的文章和风格符合他们的出版物。一些不太著名的刊物常常乐意倾听新手的心声。

　　作为一个学生、一个专业领域的新人，最重要的不是一炮打响，而是勤于思考、勇于发表自己观点，早写论文，主动寻求发表机会，将对你今后的职业生涯大有裨益。

　　下笔写作之前，对文章的读者对象和具体投稿期刊的选择，都需要有策略性地做好计划。要注意即使是同专业的期刊也各自都有特点，一些期刊只发表研究型论文，而另外一些期刊则发表研究笔记或其他类型的手稿。保持与编辑的直接联系有助于你判断你的文章是否适合这个期刊。

　　第一次投稿不被接受是很正常的事情，不用太在意和沮丧。实际上，一些质量可靠的学术期刊会在退稿时附上评审意见，这些审稿建议才是你真正要在意的。通过这些建议，你可以学会选择合适的期刊，按照它的风格和要求来组织你的写作。

　　所有这些前期的准备工作不是多余的劳动，而是撰写成功稿件的重要因素之一。

二、选择同行评审期刊

　　如果你的文章专业学术性很强，那么把文章发表在高品质的期刊是至关重要的。有些期刊的扉页或投稿指南上，会告诉你该刊是不是属于同行评审期刊。不过大多数情况下，我们不可能了解那么多期刊的特征。通过图书馆购买的期刊数据库，我们可以查询哪些期刊是经过同行评审的。

　　全国性和国际性的期刊一般都倾向于同行评审——亦即正式出版前的评审。审稿系统的概念可以上溯到 300 多年前的《皇家科学院哲学学报》（*Philosophical Transactions of the Royal Society*），当时是由科学院理事会的一些成员对论文进行评审，以便进行发表。这一评审系统的目的就是确保出版的著作能够达到一定的品质水准，这些专业人员对研究课题有着渊博的知识，他们可以判断出作品的价值并为编辑提供意见（赞赏与否）。同行评审意味着"同行"引导了编辑决策，而编辑则负责在此情境下进行具体操作；假如这种情况发生了变化，或者编辑无视评审人的建议的话，那么同行评审就要打折扣了。

　　对很多期刊来说，编辑部就充当着评审人的角色。但是，期刊也可以邀请其他人进行评审；如果他们这么做的话，这些期刊很可能会在该卷期刊的最后一页中对这些额外的评审人表示感谢。编辑需要查明评审人的专长领域，经过编辑确认后的那些评审人应具备必要的专业背景知识,可以对稿件作出有根据的判断。有些期刊会采用"双重匿名"的同行评审,意思是指评审人并不清楚自己所判断稿件的作者的名字、所属关系或职位,而作者也不知道自己的作品是由谁来进行评审的。假如某些参考书目可能泄露作者身份的话,编辑还可以从文章中去掉一些参考书目。采取这种做法的目的是确保姓名或所属关系不会对判断产生影响,而且作者和评审人之间的任何联系都应当通过编辑来进行。

期刊的声誉与其内容的品质密切相关,最重要的证据则是这种期刊是否属于同行评审的期刊。在很多时候,只有刊登在同行评审期刊上的作品才能够获得学术机构的认可。需要注意的是,即便在同行评审的期刊中,期刊也是具有层次等级的。

三、了解期刊的影响因子(impact factor)

期刊的质量还可以通过以下这些证据表现出来:

(1)期刊的影响因子——这种期刊刊登的所有文章被别人引用和"下载"的广泛程度;

(2)投稿拒绝率——合理的拒绝率证明该种期刊能够将"糟粕和精华"分离开来。

此外,还有期刊订阅数、可下载文章的范围等等。其中最广泛使用的标准是期刊的影响因子。

(一)JCR《期刊引用报告》

ISI的《期刊引用报告》(*Journal Citation Reports*,JCR)是用来衡量学术期刊和论文的影响因子的一个工具。其作用可以概括为如图7-1所示。

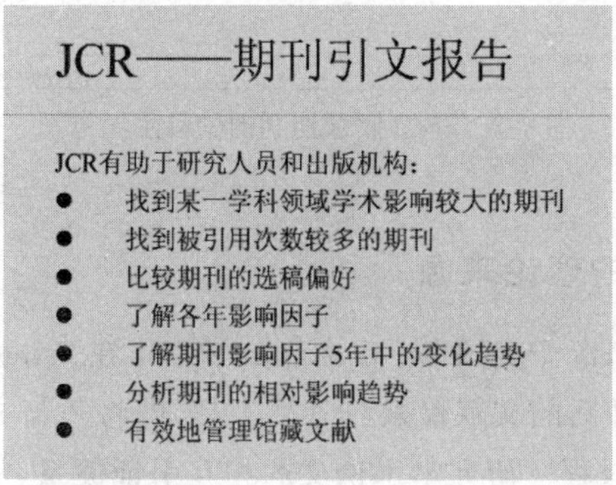

JCR——期刊引文报告

JCR有助于研究人员和出版机构:
- 找到某一学科领域学术影响较大的期刊
- 找到被引用次数较多的期刊
- 比较期刊的选稿偏好
- 了解各年影响因子
- 了解期刊影响因子5年中的变化趋势
- 分析期刊的相对影响趋势
- 有效地管理馆藏文献

图 7-1　ISI Web of Science 数据库的 JCR 期刊影响因子

　　ISI Web of Science 数据库能帮助我们检索、分析、管理高质量的学术信息，并利用这些信息进行科研和写作。那么，高质量的学术信息从何而来呢？高质量的信息来自高质量的论文，高质量的论文来自高质量的期刊，这是 Web of Science 的基本概念。

　　根据"布拉德福-加菲尔德法则"（即学术信息的二八规律），20％的期刊汇集了足够的信息以全面反映科技的最新最重要的成果与进展。ISI 的 3 个重要索引 SCI、SSCI、A&HCI 也是根据这个规律，严格限制它的收录范围，基本上应只收集对研究者有用的信息。

　　其中 Social Sciences Citation Index(SSCI)是多学科综合性社会科学引文索引，全面收录了 1 800 多种社会科学期刊，同时也收录 Science Citation Index Expanded 所收录的期刊当中涉及社会科学研究的论文。

　　SSCI 主要学科范围如图 7-2 所示。

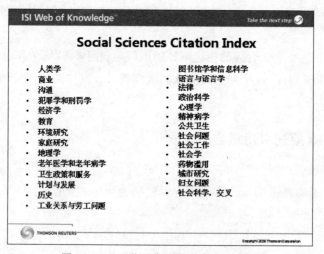

图 7-2　SSCI 收录期刊的学科主题范围

（二）引文索引的理论来源

　　引文索引的理论来源于美国 Dr. Garfield 1955 年在 *Science* 上发表的论文，他提出将引文索引作为一种新的文献检索与分类工具，即将一篇文献作为检索字段从而跟踪一个 idea 的发展过程。研究学术论文的相互引证关系，从一定角度反映了学术研究之间的交流与联系。

　　（1）学科上的相关性——理论与方法的借鉴与利用；技术与手段的应用与发展。

（2）横向上的对应性——实验或方法的互相参照与借鉴；结果与研究过程讨论的比较与应用。

（3）纵向上的继承性——课题的基础与起源、发展与进步；反引代表的学术争鸣。

总之，引文索引从一篇高质量的文献出发可以了解科学研究的发展脉络（见图 7-3）。

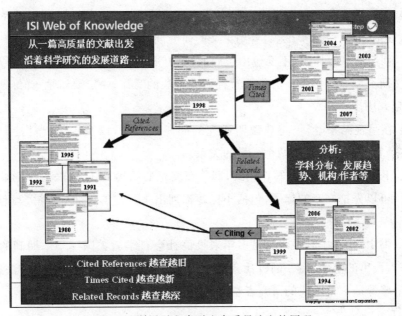

图 7-3　利用引文索引查高质量论文的原理

第三节　学术论文写作与投稿

一、学术论文的写作方法

学术论文是对科学领域中的问题进行探讨、研究、表述科学研究成果的文章，是信息成果的最重要的形式之一，其显著特征是论文内容必须有一定的新发现、新发明、新创造。学术论文写作是研究工作的科学总结和研究成果的提升与凝练，是创新过程的重要环节。

学术论文写作是大学生应具有的基本信息素质。

台湾著名学者蔡今中在《如何撰写与发表社会科学论文：国际刊物指南》这本著作中指出，论文的写作，如同一部电影的拍摄，每一个镜头都有一定的意义，都是后面情节的铺垫、伏线，那些对后面的情节没有作用的镜头，哪怕再好、再漂亮，都一定要舍去。

他把论文写作的要求概括为以下几个方面：

（1）不要把所有的资料都放在一篇论文中。在研究设计时，就应该想到如何分割所获得的资料，如何组成侧重点不同的论文。

（2）关于论文背景。为了让审稿人明白研究问题的重要性，论文需要从大的概念讲起，逐渐缩小，一步步聚焦，直到论文的研究问题。

（3）利用文献写作时，不要包山包海的，要有所取舍。取舍的标准就是以是否服务于本文研究问题为标准。必须要重视研究方法的写作，一定要清楚、详细地阐述所用的研究方法。

（4）在呈现结果时，一定要说明研究的问题或目的，以及相关资料是如何得来的，而不是直接突兀地给出两个变量的关系。

（5）不要拘泥于线性的写作模式，即一篇文章的结构是什么样，写作的顺序就是怎么样。可以先把文章的标题，包括小标题都列出来。觉得哪部分容易，写起来顺手就先写。

在该书中，蔡今中教授将自己多年来投稿社会科学相关国际学术期刊的诸多经验，以深入浅出的笔触，逐一剖析社会科学研究应有的认知、研究的态度方法、写作和投稿的策略等。它是资浅的研究者学习社会科学研究方法的宝典。

二、论文的写作格式——参考文献格式

在稿件准备阶段，您打算投稿的特定期刊所提供的作者指南将是最为重要的参考文件。

通常，作者指南包括投稿过程的说明，以及对扉页、表格、数字和插图以及参考文献的具体要求，等等。论文格式中最重要的部分是参考文献的格式要求。

（一）中文参考文献的格式及举例

1. 期刊类

【格式】 ［序号］作者.篇名[J].刊名,出版年份,卷号(期号)：起止页码

【举例】 ［1］周融,任志国,杨尚雷,厉星星.对新形势下毕业设计管理工作的思考与实践[J].电气电子教学学报,2003(6)：107～109

2. 专著类

【格式】 ［序号］作者.书名［M］.出版地：出版社,出版年份.起止页码

【举例】 ［4］刘国钧,王连成.图书馆史研究［M］.北京：高等教育出版社,1979.15～18,31

3. 报纸类

【格式】 ［序号］作者.篇名［N］.报纸名,出版日期（版次）

【举例】 ［6］李大伦.经济全球化的重要性［N］.光明日报,1998.12.27(3)

国际性的期刊论文,以 SSCI 收录的学术期刊为例。为使新知识更有系统、有效地传播,SSCI 一般学术论文都会有固定的格式与写作次序,便于辨认新产出的论文是否提供了有用的甚至是突破性的新知识或新发现。这也是国际学术期刊在审查其送审论文时的一个最基本的判准。格式不符的论文,甚至连审查的门槛都尚未进入即被快速淘汰。写作格式没有问题,通得过 SSCI 期刊的规定,这时论文才有可能进入审查的过程。

不同的期刊对于论文参考文献的格式要求不同,为了更方便快捷地在论文中引用参考文献,并且达到标准参考文献的格式要求,我们要善于利用参考文献的管理软件,如 NoteExpress、EndNote 等。

（二）常用参考文献管理软件

常见专用参考文献管理软件有汤姆森公司的 EndNote、ReferenceManager、基于网络的 Refworks 和 EndNote Web。其中,EndNote 是最受欢迎、最好用的软件,Reference Manager 提供网络功能可同时读写数据库,WriteNote 是基于 Web 的 EndNote。除了上述国外著名的文献管理软件,国内也出现了 NoteExpress、文献之星、医学文献王、PowerRef 等文献管理软件。

专用文献管理软件通常具备文献管理、联机检索、协助论文写作、格式自定义等功能,学习并掌握专用参考文献管理软件,可以提高我们阅读文献、获取信息的效率,可以省去撰写文稿时手动编排文献的麻烦。本节将分别介绍国产的 NoteExpress 和汤姆森公司的 Web 版 EndNote。

1. NoteExpress

NoteExpress 具备文献信息检索与下载功能,可以用来管理参考文献的题录,以附件方式管理参考文献全文或者任何格式的文件、文档。数据挖掘的功能可以帮助用户快速了解某研究方向的最新进展,各方观点等。除了管理以上显性的知识外,类

似日记,科研心得,论文草稿等瞬间产生的隐性知识也可以通过 NoteExpress 的笔记功能记录,并且可以与参考文献的题录联系起来。在编辑器(比如 MS Word)中 NoteExpress 可以按照各种期刊杂志的要求自动完成参考文献引用的格式化——完美的格式,精准的引用将大大增加论文被采用的概率。与笔记以及附件功能的结合,全文检索,数据挖掘等,使该软件可以作为强大的个人知识管理系统。

其主要功能如下:

(1) 题录采集。①从互联网上数以千计的国内外电子图书馆,文献数据库中检索,下载文献书目信息,软件内置多线程,是同类软件中下载速度最快的。②可以从全球最大的在线书店 Amazon 的资料库中检索,下载题录信息。③从硬盘本地文件中导入用户以前搜集的各种的文献资料题录,速度比国外同类软件快 10 倍以上(参考文献的全文可以通过附件管理)。④手工添加。

(2) 题录管理。①检索方便,检索结果可以保存下来作为一个研究方向专题。②数据库容易携带、备份。

(3) 题录使用。①快速检索和浏览,以了解研究方向的最新进展。② NoteExpress 的核心功能之一就是在学术论文、专著或研究报告等的正文中,按照国际通行惯例,国家制定的各种规范,期刊要求的各自的规范(可由用户自己编辑规则),在正文中的指定位置添加相应的参考文献注释或说明,进而根据文中所添加的注释,按照一定的输出格式(可由用户自己选择),自动生成所使用的参考文献、资料或书目的索引,添加到作者所指定的位置(通常是章节末尾或者文末)。目前在同类软件中,NoteExpress 的 Word 插件的性能最好。

(4) 笔记功能。可以为正在阅读的题录添加笔记,并把笔记和题录通过链接关联起来,方便以后阅读。

任意格式的附件和文献全文、题录、笔记与附件功能结合,可以把该软件作为个人的知识管理系统。参考文献的全文也可以作为题录或者笔记的附件来保存。

其核心功能如下:

① 检索:支持数以百计的全球图书馆书库和电子数据库,如万方、维普、期刊网、Elsevier ScienceDirect、ACS、OCLC、美国国会图书馆等。一次检索,永久保存。

② 管理:可以分门别类管理百万级的电子文献题录和全文,独创的虚拟文件夹功能更适合多学科交叉的现代科研。

③ 分析:对检索结果进行多种统计分析,从而使研究者更快速地了解某领域里的重要专家、研究机构、研究热点等。

④ 发现：与文献相互关联的笔记功能，能随时记录阅读文献时的思考，方便以后查看和引用。检索结果可以长期保存，并自动推送符合特定条件的相关文献，对于长期跟踪某一专业的研究动态提供了极大方便。

⑤ 写作：支持 Word 和 Latex，在论文写作时可以随时引用保存的文献题录，并自动生成符合要求的参考文献索引。软件内置 3 000 种国内外期刊和学位论文的格式定义。首创的多国语言模板功能，可以自动根据所引用参考文献语言不同差异化输出。

NoteExpress 是国内最专业的中英文文献检索与管理系统。NoteExpress 可以帮助你通过各种途径高效、自动地搜索(含互联网)、下载、管理文献资料和论文。该软件可嵌入 MS Word 环境使用，在使用 Word 中输出各种格式化的参考文献信息，不需要脱离 Word 环境。使用方式与绝大多数文献管理软件相似，容易学习，除此以外，NoteExpress 支持绝大多数流行的参考文献的导入格式，支持多语言格式化输出。

其功能特点为：

以题录为核心，全面管理文献，辅以附件、笔记功能(NoteExpress 独特而强大的功能)；格式化参考文献(内置 2 700 多种国内外期刊格式，而且 NE 支持复杂格式的中文期刊输出格式)，如图 7-4、图 7-5 所示。

2. EndNote

EndNote 是汤姆森公司推出的最受欢迎的一款产品，是文献管理软件中的佼佼者。

EndNote 可以将不同来源的文献信息资料下载到本地，建立本地数据库，从而方便地实现对文献信息的管理和使用。通过将不同来源的数据整合到一起，自动剔除重复数据，EndNote 可以帮助我们避免重复阅读来自不同数据库的相同信息，也可以非常方便地进行数据库检索，进行一定的统计分析等。

EndNote 另一个重要的功能是，在撰写论文、报告或书籍时，它可以非常方便地管理参考文献格式。通过插件可以很方便地在 Word 中插入所引用的文献，软件自动根据文献出现的先后顺序编号，并根据指定的格式将所引用的文献附在文章的最后。如果在文章中间插入了引用的新文献，软件将自动更新编号，并将引用的文献插入到文末参考文献中的适当位置。

EndNote Web 功能如图 7-6 和图 7-7 所示。

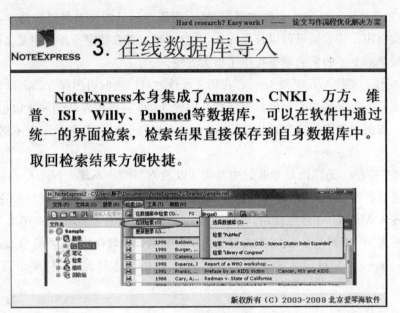

图 7-4　NoteExpress 的在线数据库导入功能

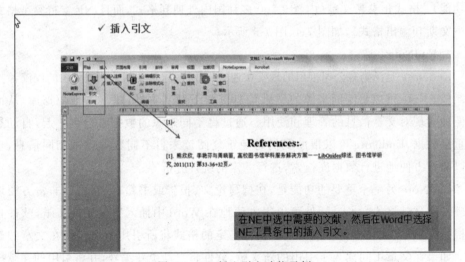

图 7-5　NE 插入引文功能示例

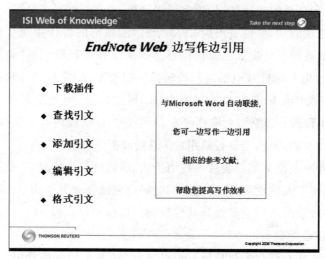

图 7-6 EndNote 的功能特点

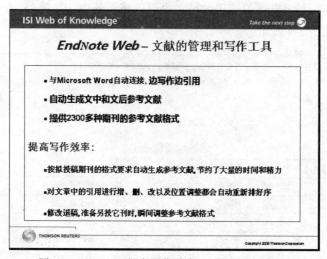

图 7-7 EndNote 提高写作效率——边写作边引用

三、投稿指南

（一）选择目标期刊

作者对自己的论文要准确定位，不同档次的论文选择不同档次的期刊投稿。高层次有突破的文章尽量投到核心期刊。低层次的文章投到高档次的期刊上，容易被拒稿，一定要根据自己的实际情况，决定投稿目标。

期刊都有处理周期，稿件寄出后 2～3 个月，编辑部的责任主编会将评审报告和编辑部对该文的处理意见反馈给通信作者。如果没有收到期刊的"录用回执"，可在2～3 个月后通过电子邮件或电话询问编辑部。一般而言，期刊的处理意见有以下几种形式：①不需做任何修改就拟采用发表；②同意接收，但还是需要根据评审人的意见进行一些小修改；③原则上拟接收发表，但是在体例或内容上需做较大的修改；④要求作者先修改后，再决定是否录用；⑤退稿或拒绝发表。

大部分作者发表论文都是会费一些周折的，所以收到编辑部意见后，如果是要求修改的，需考虑评审人的意见，并在规定的时间内完成修改并寄出，如果是退稿，可重新审视所投稿件，修改之后重新投到其他期刊。切忌一稿多投。

1. 投国内核心期刊

可参考《中文核心期刊要目总览》，也可以参照《中文社会科学引文索引》的来源期刊目录最新版，从中选择自己想要找的学科类别，然后按照影响力，挑选适合的刊物，目录中都有各刊编辑部的通讯地址。也可以登录各期刊的网站，查找刊物的投稿信息，如图 7-8、图 7-9 所示。

中文社会科学引文索引2010-2011年来源期刊目录

(经中文社会科学引文索引指导委员会审定，共527种)

学科分类（25类）

法学	21种	高校综合性社会科学报	70种	管理学	26种
环境科学	5种	教育学	37种	经济学	72种
考古学	7种	历史学	26种	马克思主义	12种
民族学	13种	人文、经济地理	7种	社会学	9种
体育学	10种	统计学	4种	图书馆、情报与文献学	20种
外国文学	6种	心理学	7种	新闻学与传播学	15种
艺术学	19种	语言学	22种	哲学	12种
政治学	39种	中国文学	15种	宗教学	3种
综合性社会科学	50种				

图 7-8　CSSCI 来源期刊的学科分类

中文核心期刊也可以登录 CNKI《中国学术期刊全文数据库》或维普《中文科技期刊数据库》查找刊物的投稿信息。例如，在《中国学术期刊数据库》中，高级检索方

心理学（7种）

序号	刊 名	期 刊 信 息
1	心理学报	北京市中国科学院心理研究所（100101） （010）64850861
2	心理科学进展	北京市中国科学院心理研究所（100101） （010）64850861
3	心理发展与教育	北京市新街口外大街19号（100875）
4	心理科学	上海市中山北路3663号（200062） （021）62232236
5	中国临床心理学杂志	长沙市人民路139号（410011）
6	心理与行为研究	天津市河西区卫津路241号,天津师范大学南院106号信箱 （300074）　（022）23541213
7	应用心理学	杭州市天目山路148号浙江大学西溪校区（310028） （0571）88273352

图 7-9　CSSCI 心理学核心期刊信息

式下,分别在题名中限定"管理世界"并且"征稿",可查出《管理世界》的征稿启事。别的期刊可以依此类推。

特别要注意的是,国内有的期刊既接受打印稿投稿,也接受电子版投稿(通过邮件或登录网站投稿),有的期刊则只接受打印稿投稿,投稿者一定要遵循期刊的要求。

另外,投稿前最好先阅读期刊上的文章,了解该期刊的办刊宗旨、栏目设置和稿件特色。每种期刊都有其特有的办刊风格,当决定向某一期刊投稿时,一定要首先熟悉和研究这本期刊,包括了解期刊内容,参照该期刊最近都发表了哪些同类文章,判断你的选题是否和已刊发的论文重复和相近。而且还要了解期刊的编写格式。要搞清楚该期刊的风格和编排格式,按它的编排格式进行撰写。这样,可以减少编审人员的工作量,激发编审人员的兴趣,提高投稿命中率。

2. 投国际核心期刊

如果希望被 SCI、SSCI、A&HCI 收录的期刊录用,则可通过美国科技信息研究所(ISI)的网站检索各库收录的期刊情况,还可以按学科进行浏览。为了了解各期刊的影响因子等具体情况,建议参考 ISI 的 JCR(期刊引证报告),选择自己想要找的学科类目,按照影响因子排序,挑选适合的刊物。在图书馆购买的 ISI 平台上,通过搜索引擎查找刊物的网站,查找在线投稿信息。

如果所在图书馆订购了《乌利希国际期刊指南》,也可以利用该指南查找投稿信息。

国内出版了不少 SSCI、SCI 投稿指南方面的图书,网络上也有大量的博客和文章可供参考,许多图书馆也都有 SCI 源期刊方面的相关资料提供查询。

社会科学研究成果的生命力根本在于同行承认和社会承认，如果中国的学术成果不能有效地进入国际学术圈，不能在更大的学术空间中开展交流，则我们的社会科学研究就不可能在国际舞台拥有更多的话语权，中华民族的优秀文化就不可能得到世界更广泛的认可。因此，要积极引导社会科学研究人员拓宽学术信息的渠道，鼓励他们将高质量的研究成果投向 SSCI 来源期刊。通过增大进入 SSCI 收录系统的论文数以及提高我国学者论文的引证率，来扩大中国社会科学研究在国际上的影响力。

（二）其他投稿细节

准备投稿之前，还必须撰写一封个人简历，连同文章一起提交给编辑。在信函上，应当注明随信所附的是投稿件。应当简单地介绍一下自己的研究以及与其他同类研究的关系，还应当提供自己准确的信箱、电子信箱、电话和传真等联系方式。正式提交之前，应当将它交给可靠的同事或朋友进行校对。这种做法可以从各种不同的角度来审视自己的文章。

投稿中特别要避免一稿多投，一次只将自己的文章投给一种期刊。如果在一段合理的时间内尚未得到答复的话，就与编辑取得联系，确认稿件未被采用时，才可以另投其他期刊。

投稿被拒是很多大师也曾经常遭遇的事情。中国台湾的林南老师是名满天下的社会学大师，享有极高的声望，更不用提他的研究成果散见于各大重要 SSCI 期刊了。他自己的研究室有这样一个书柜，专门收容这些被 SSCI 期刊退稿的论文，但他从来没有弃之如敝屣，随时会把它们拿出来继续修改。这个故事给我们的启示是，投稿 SSCI 国际期刊不用畏惧，退稿没关系，改了再投。这样一来一往，反复磨炼，当送出去的论文不再被退稿的时候，就是投稿 SSCI 成功的时候。

社会科学论文投稿虽然也有一些基本的规则和技巧可循，但是最重要的规则是对学术研究的全心投入与锲而不舍。不能因为迎合投稿的一些技巧而牺牲了自我的研究风格。

第四节　利用 CNKI E-Study 助力数字化学习与研究

CNKI E-Study（知网研学）是中国知网开发的一款强大的数字化学习与研究平台。CNKI E-Study 原名为 E-Learning，在业内有很好的口碑。CNKI E-Study 集文献检索、下载、管理、笔记、投稿于一体，为专业学习和研究提供全过程支持。不仅支持常用文献 CAJ、KDH 等格式,还支持 Word 和 PDF 文件阅读。

一、CNKI E-Study 软件基本功能

1. 一站式阅读和管理平台

支持多类型文件的分类管理,支持目前全球主要学术成果文件格式,包括:CAJ、KDH、NH、PDF、TEB 等文件的管理和阅读。新增图片格式文件和 TXT 文件的预览功能。支持将 Word、PPT、TXT 转换为 PDF。

2. 知识深度学习

支持在线阅读,运用 XML 碎片化技术,实现全文结构化索引、知识元智能关联,提供强大的原文编改工具,深化研究式阅读体验。

3. 深入研读

支持对学习过程中的划词检索和标注,包括检索工具书、检索文献、词组翻译、检索定义、Google Scholar 检索等;支持将两篇文献在同一个窗口内进行对比研读。

4. 记录数字笔记

支持将文献内的有用信息记录笔记,并可随手记录读者的想法、问题和评论等;支持笔记的多种管理方式:包括时间段、标签、笔记星标;支持将网页内容添加为笔记。

5. 文献检索和下载

支持 CNKI 学术总库、CNKI Scholar、CrossRef、IEEE、Pubmed、ScienceDirect、Springer 等中外文数据库检索,将检索到的文献信息直接导入到专题中;根据用户设置的账号信息,自动下载全文,不需要登录相应的数据库系统。

6. 支持写作与排版

基于 Word 的通用写作功能,提供了面向学术等论文写作工具,包括:插入引文、编辑引文、编辑著录格式及布局格式等;提供了数千种期刊模板和参考文献样式编辑。

7. 在线投稿

撰写完排版后的论文,作者可以直接选择要投稿的期刊,即可进入相应期刊的作者投稿系统进行在线投稿。

8. 云同步

Web 端、桌面端(Windows/Mac)、移动端上实现三端专题数据实时同步。只要一个 CNKI 账号,你就可以同步在电脑手机上创建专题、管理收藏的文献,随时随地

畅享好文献。

9. 浏览器插件

支持 Chrome 浏览器、Opera 浏览器；支持将题录从浏览器中导入、下载到 CNKI E-Study 的"浏览器导入"节点；支持的网站包括：中国知网、维普、百度学术、Springer、Wiley、ScienceDirect，单击下载浏览器插件。

二、CNKI E-Study 安装、使用说明和示例

1. 下载安装

在中国知网的官网首页，找到 CNKI E-Study 下载的地址，登录网页 http://estudy.cnki.net/，选择下载 Windows 版本，如图 7-10 所示。

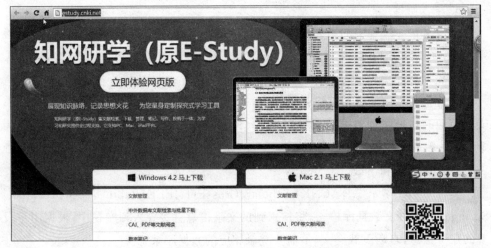

图 7-10　CNKI E-Study 下载网页

安装时会有一个数据初始化阶段，稍等片刻，如图 7-11 所示。

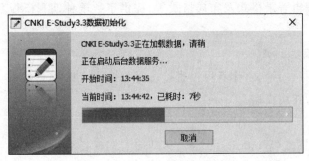

图 7-11　CNKI E-Study 安装页面

CNKI E-Study 安装完成后，电脑原有的 Word 软件内会自动添加 CNKI E-Study 插件，如图 7-12 所示。这样，在 Word 文档编辑写作过程中，可以随时调用 E-Study 软件的各项功能。

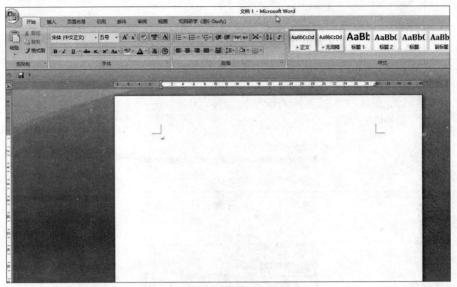

图 7-12　安装 E-Study 之后在 Word 中自动生成插件

2. 注册登录

注册 CNKI E-Study 平台或选择单机使用，CNKI E-Study 提供单机使用和在线使用两种方式。

① 单机使用，单击界面上的"单机使用"，即可直接进入主界面使用（注意：单机使用不会同步到个人账号，仅限本台机器）；

② 在线使用，需要输入 CNKI 个人账号和密码进行登录。若没有 CNKI 个人账号的用户可单击界面上的"用户注册"进行账号注册。登录成功后再次启动 E-Study 时会以当前的账号自动登录，无须用户反复登录，如图 7-13 所示。

3. 建立学习单元

从单机版升级到云同步网络版本后，原来单机版 E-Study 上建立的学习单元需要先导出，然后再导入网络版 E-Study，如图 7-14 所示。

而在网络版同一账号下新建的学习单元，可以云同步到各不同平台，不用再重复导出导入。

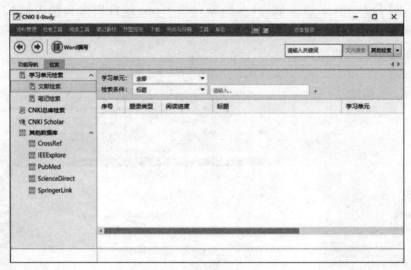

图 7-13　E-Study 网页版登录界面

图 7-14　E-Study 学习单元从单机版导入网络版

4. EndNote 和 CNKI E-Study 的题录互导

以 Endnote X7 为例，在 EndNote 中选中要导出的一条或多条题录，在 EndNote 的文件菜单上选择"Export References"，在弹出的导出框中，查看保存类型，如图 7-15 所示。

如果保存类型中不存在 EndNote Export，选择 Output style 中的 Select Another Style，然后选择 EndNote Export，如图 7-16 所示。

如果是 CNKI E-Study 中的参考题录导入到 EndNote，在 CNKI E-Study 中，选中所要导出的参考文献，右键选择"导出文献题录"，如图 7-17 所示。

然后在样式过滤器中选择"Endnote"，然后单击"导出"，如图 7-18 所示。

接着打开 EndNote，导入该题录，如图 7-19、图 7-20 所示。

导入结果如图 7-21 所示。

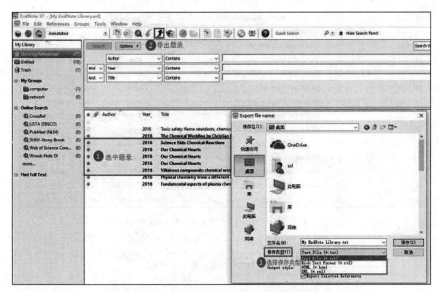

图 7-15　EndNote 题录导入 CNKI E-Study

图 7-16　EndNote Export 导出格式选择（导出题录到 E-Study）

图 7-17　CNKI E-Study 导出题录到 EndNote 示例一

图 7-18　CNKI E-Study 导出题录到 EndNote 示例二

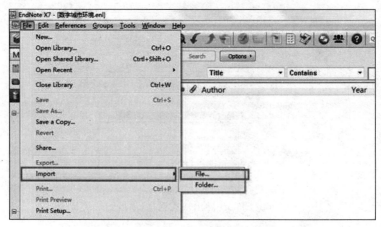

图 7-19　CNKI E-Study 导出题录到 EndNote 示例三

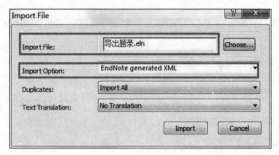

图 7-20　CNKI E-Study 导出题录到 EndNote 示例四

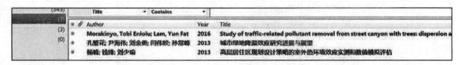

图 7-21　CNKI E-Study 导出题录到 EndNote 的结果示例

三、以"思维导图"为主题的 E-Study 研学示例

专业学习和科研工作都离不开文献的支撑和保障，下面通过"思维导图"主题文献的检索-分析-管理-写作等步骤，深化对 CNKI E-Study 的主要功能的理解。

1. 创建"思维导图"学习单元并下载相关文献

E-Study 登录成功后，新建以"思维导图"为主题的学习单元，以方便管理本主题下的文献，如图 7-22 所示。

图 7-22　E-Study 新建学习单元——思维导图专题

管理学习单元有两种方式：第一种是导入本地原来下载并存储过的学习单元。第二种是直接通过工具栏中的"检索工具"，搜索文献并导入到学习单元，如图 7-23 所示。

基于学术文献的要求，推荐使用高级检索等检索方式，控制检索范围、检索内容和检索条件，以达到精确检索，找到高质量的论文。

图 7-23   E-Study 检索工具——CNKI 总库高级检索"思维导图"文献

对于检索内容，推荐先检索综述性文献和学位论文，了解课题的历史发展和最新进展。可以通过检索高被引文献去获取热点核心论文，并利用中国知网的学术趋势图和引文网络图，发现一篇文献的关联作者、关联机构、相关文献，掌握本主题研究脉络，找到进一步的研究思路。

此外，还可通过年鉴、百科、统计数据等数据库获取事实数值类资料，利用翻译助手、工具书馆等获取相关知识元的外文和历史信息。

当检索结果中得到的文献信息过多时，可以通过 CNKI 的分析功能，在学科、发表年度、研究层次、作者、机构和基金等方面进行聚类分析，还可以按照相关度、发表时间、被引次数及下载次数进行排序分析。

检索到目标文献并经过筛选以后，可以用 E-Study 批量下载功能，快速下载文献的题录，如图 7-24 所示。

批量下载时，为提高效率，一般不建议直接下载全文。等需要阅读文献时，再单篇下载全文。到 E-Study 的文献导入界面，选择左边学习单元里的文件夹，单击导入并下载，文献就会在后台自动下载，如图 7-25 所示。

2. 阅读"思维导图"主题文献

批量下载文献题录后，根据需要，搜索并全文下载想要阅读的文献。在阅读时，系统会自动记录你的阅读进度（以百分比显示）和上次阅读的时间。

图 7-24　E-Study 批量下载文献题录——仅导入题录

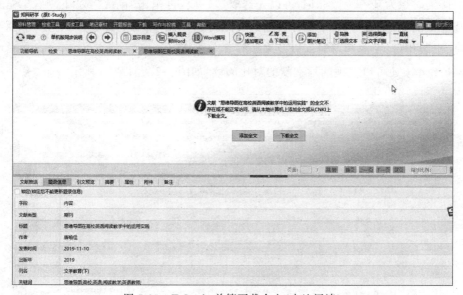

图 7-25　E-Study 单篇下载全文(本地阅读)

　　系统也可以在阅读完后进行重要度的标记,方便下次阅读时进行查找,如图 7-26 所示。

图 7-26　E-Study 思维导图专题文献按重要度排序

　　阅读时想为某一段做标记，可以先选取这一段，再单击"高亮"或"下划线"，这样就成功做出标记了。同一个文件夹内的文献可以按照不同的方式进行排序，如重要程度、出版年份、上次学习时间以及来源等。

　　E-Study 还可以实现两篇文献的对比阅读，如图 7-27、图 7-28 所示。

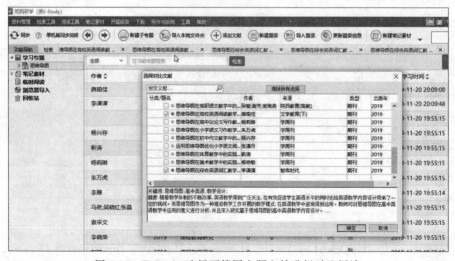

图 7-27　E-Study 选择两篇同主题文献进行对比阅读

图 7-28　E-Study 两篇"思维导图"专题文献的对比阅读

在阅读中,选择"快速添加笔记",在右侧弹出的小窗口中,就可以记录阅读文献中产生的想法,如图 7-29 所示。

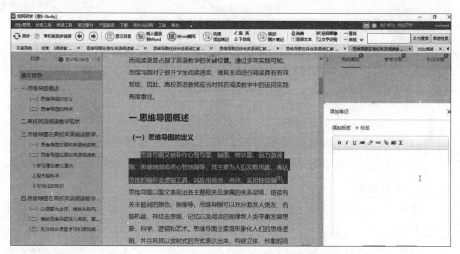

图 7-29　E-Study 阅读文献中快速添加笔记

3. 生成开题报告

读过大量的专业文献,就需要准备论文的开题报告了。在 CNKI E-Study 中单击菜单栏的"开题报告",就会在 Word 中自动生成开题报告,非常方便。

详尽的开题报告包括论文研究背景、目的和意义;国内外研究现状及研究动态;

研究内容、研究目标、拟解决问题；研究方法、技术路线、试验手段、关键技术等；研究计划、研究基础、研究困难、参考文献等。

因此，在生成开题报告前，需要对阅读的文献做好标签分类。打开要学习的文献，选中要生成的语句，根据内容为选中的语句添加标签。CNKI E-Study 自带三大标签：背景及意义、国内研究现状、国外研究现状。针对不能自动生成的标签，如：研究方法、研究思路、研究结论等，进行自定义标签设置。设置好了以后，根据需要复制粘贴，以方便撰写开题报告。

例如使用快捷按钮"添加笔记"→"添加标签"→键入自己所定义的标签，自定义"研究方法"标签，具体操作如图 7-30 所示。

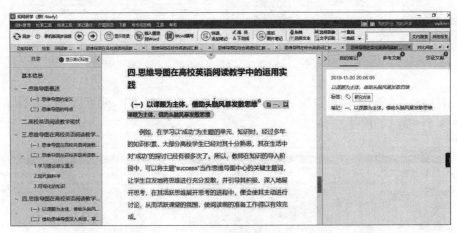

图 7-30　E-Study 设置标签（研究方法）做笔记，生成开题报告

但是，这样生成的开题报告显然是不成熟的，需要认真修改才可以提交。良好的开题是论文成功的一半，千万不要将开题报告流于形式。

4. 插入参考文献

论文完成后，文后的参考文献让很多人都头疼，自己录入容易出错，格式也不规范。CNKI E-Study 可以在 Word 中一键生成文后的参考文献。

选中所需的参考文献，单击上方工具栏中"插入题录到 Word"。此时你的 Word 文档中出现了已生成的参考文献，如图 7-31 所示。

5. 在线投稿

论文完成后，可以利用 E-Study 的写作与投稿栏目，进行在线投稿，如图 7-32 所示。

到此为止，从"思维导图"专题知识的输入（下载-阅读-笔记）到输出（开题报告-论

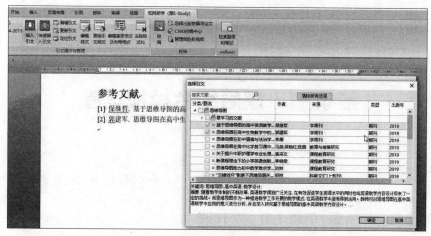

图 7-31 在 Word 文档中插入选中的文献作为参考文献

图 7-32 E-Study 写作与投稿-选择出版物在线投稿

文-参考文献-投稿），一个完整的专题研学过程基本完成。

课 后 习 题

1. 简述影响因子的定义，思考通过哪些数据库可以查询期刊的影响因子。

2. 在 Web of Science 核心合集中通过什么功能可以帮助快速锁定在近几年收到广泛关注的热点研究。

3. CNKI E-Stndy 的主要功能有哪些？对我们完成论文有何帮助？

附录一　课后综合模拟试卷

考试时间：90 分钟　满分：100 分

单选题(共 10 题,每题 1 分,共 10 分)

1. (　　)是指检出的相关文献量与检出文献总量的百分比。

    A. 查全率　　　　B. 查准率　　　　C. 漏检率　　　　D. 误检率

2. 国际标准书号(ISBN)最后一位为(　　)。

    A. 组号　　　　B. 出版社号　　　　C. 书序号　　　　D. 校验码

3. 在百度和 Google 中,表示要在某个特定的域或站点中进行搜索的是(　　)。

    A. Inurl　　　　B. Filetype　　　　C. Intitle　　　　D. Site

4. 以下属于开放存取资源的是(　　)。

    A. SpringerLink　　　　　　　B. EBSCOhost

    C. Emerald Insight　　　　　　D. HighWire Press

5. 引文索引是指利用文献引证关系检索相关文献的索引,下列文献检索平台不支持引文索引的是(　　)。

    A. SCI　　　　B. 万方　　　　C. CNKI　　　　D. CSSCI

6. 《科学知识图谱在学科可视化研究中的应用》是南京大学信息管理学院的孙晓宁发表于 2017 年的一篇文章,以下哪个词汇不是其文献关键词? (　　)

    A. 科学知识图谱　　　　　　B. 自作主研究主体

    C. 学科可视化　　　　　　　D. 系统研究

7. 下列四个城市中,2017 年第二季度,财产保险保费收入最高的是哪个城市? (　　)

    A. 大连　　　　B. 宁波　　　　C. 厦门　　　　D. 青岛

8. 流行性感冒是一种常见的丙类传染病,2016 年 1—12 月,全国哪个月的流行性感冒发病率最高? (　　)

A. 1 月　　　　　B. 2 月　　　　　C. 3 月　　　　　D. 4 月

9. 在《中国图书馆分类法》的学科分类体系结构中,K 代表(　　　)。

A. 文学　　　　　B. 语言文字　　　　C. 历史地理　　　D. 经济

10. 某图书的索书号是 TP3-44/850,其中的 TP3-44 是指(　　　)。

A. 著者号　　　　B. 分类号　　　　　C. 条形码　　　　D. 登录号

多选题(共 20 题,每题 2 分,共 40 分)

1. 在含有概念 A 的文献集合中,排除同时含有概念 B 的文献,可表示为(　　　)。

A. A NOT B　　B. A OR B　　　　C. A AND B　　　D. A-B

2. 截词检索是算符检索的常见方式,截词符"＊"代表一个字符串,若输入"key＊"进行检索,以下哪些单词可以被检索到?(　　　)

A. key　　　　　B. keying　　　　　C. keyhole　　　　D. keyboard

3. 针对题录信息中国"一带一路"倡议下的中非合作是"新殖民主义"吗? 2017,(010):129-142 中"2017,(010):129-142"包含的信息是(　　　)。

A. 出版日期　　B. 序号　　　　　　C. 卷期　　　　　D. 页码

4. 知网(CNKI)可以下载的文献类型有(　　　)。

A. PDF　　　　　B. TXT　　　　　　C. DOC　　　　　D. CAJ

E. PPT

5. 阮冈纳赞提出了"图书馆学五定律",内容是什么?(　　　)

A. 书是为了用的　　　　　　　　　B. 每个读者有其书

C. 每本书有其读者　　　　　　　　D. 节约读者时间

E. 图书馆是一个生长着的有机体

6. 一次文献是人们直接以自己的生产、科研、社会活动等实践经验为依据生产出来的文献,也常被称为原始文献(或叫一级文献),其所记载的知识、信息比较新颖、具体、详尽。以下文献中,属于一次文献的有(　　　)。

A. 学位论文　　B. 期刊论文　　　　C. 会议论文　　　D. 研究报告

7. 用"＊ology"检索,结果中可能有(　　　)。

A. Geology　　　B. Sociology　　　　C. Psychology　　D. Biology

8. 以下数据库中,属于数值型数据库的是(　　　)。

A. OECD　　　　　　　　　　　　　B. IMF

C. WORLD BANK　　　　　　　　　D. BVD-Osiris

9. (   )的基本作用是扩大检索范围,增加命中篇数,提高查全率。

    A. 逻辑"或"   B. 优先算符   C. 逻辑"与"   D. 截词

10. 可以提供文献传递服务的有(   )。

    A. CALIS   B. CASHL   C. 知网   D. 读秀

11. 下列属于二次文献的是(   )。

    A. 索引   B. 文摘   C. 学位论文   D. 目录

12. 利用中国知网(CNKI)期刊导航检索,下列信息正确的是(   )。

    A. 在全部刊物中,华中地区发行刊物最多的是湖北省,共 501 种。

    B.《岩石力学与工程学报》《法学评论》《经济评论》三种刊物的出版地均为湖北省武汉市。

    C.《岩石力学与工程学报》《法学评论》《经济评论》三种刊物均为 CSSCI 中文社会科学引文索引(2017—2018)来源期刊(含扩展版)。

    D.《岩石力学与工程学报》《法学评论》《经济评论》三种刊物均为北京大学《中文核心期刊要目总览》来源期刊(2014 年版)。

13. 输入 wom？n 可检索到包含以下哪些单词的文献? (   )

    A. women   B. woman   C. womanhood   D. womad

14. 文献综述的作用包括(   )。

    A. 对该主题研究未来发展的展望   B. 展示该主题研究的前沿动态

    C. 归纳该主题研究的发展路径   D. 对前述三方面的评述

15. 参考数据库是为用户提供信息线索的数据库,以下不属于参考数据库的是(   )。

    A. 图像数据库   B. 全文数据库   C. 书目数据库   D. 指南数据库

16. 想查找学术图片,使用何种检索可以直接查到图片? (   )

    A. 在一框式检索中切换到"图片"的单标签页

    B. 进入图片库

    C. 通过翻阅期刊文献获取图片

    D. 自己绘制

17. 下列哪些符号适用于"截词检索"? (   )

    A. …   B. *   C. ?   D. ""

18. 下列哪些语句属于字段限制检索(   )。

    A. title＝Tianjin University of Finance and Economics

B. url：edu.cn

C. py＞＝2016

D. link：whitehouse.gov

19. Web of Science 中常用的检索方法之一是基本检索，基本检索提供的字段有（   ）。

A. 主题   B. 标题   C. 关键词   D. 作者

20. 如果检索结果太多，查准率很低，需要调整检索范围，此时调整检索策略的方法有（   ）。

A. 用逻辑"与"或者逻辑"非"增加限制概念

B. 用逻辑"或"增加同族概念

C. 使用截词检索

D. 用二次检索增加限制条件

判断题（共 10 题，每题 1 分，共 10 分）

1. 百度不具有学术搜索功能。

2. 索引数据库只能检索文献的线索，不能直接获取全文。

3. 国际图书馆协会联合会（简称"国际图联"），是世界图书馆界最具权威、最有影响的非政府的专业性国际组织，它的英文缩写是 IFLA。

4. 目前我国图书馆界普遍采用的图书分类法是《中国人民大学图书馆图书分类法》，其第五版已于 2010 年 8 月由国家图书馆出版社正式出版。

5. CNKI 检索系统不可以进行博硕士生论文的检索。

6. 查全率是指检索出的符合课题需要的文献与检索出的相关文献量之比。

7. ISSN 是国际标准书号的简称。

8. 使用逻辑"或"是为了提高查全率。

9. 二次检索是指在第一次检索结果不符合要求时，重新选择检索条件再次进行检索。

10. 三次文献是指对一次信息加工、整理后形成的各种检索工具，如目录、题录、文摘等，它不对一次信息提供评论，仅仅提供一次文献的检索线索。

简答题（共 2 题，每题 5 分，共 10 分）

1. 如果你看到一篇论文的参考文献当中有一条信息是："秦鸿. MOOCs 的兴起及图书馆的角色[J].中国图书馆学报，2014(2)：19-26"，请回答以下问题：

（1）利用中国知网期刊全文数据库检索时，你的检索策略包括什么？

（2）从"[J]"这个符号，我们可以知道这篇文献的文献类型是什么？

（3）题干中"2014（2）"中的"（2）"表示的含义是什么？

（4）中国知网期刊全文数据库提供的全文电子版的格式有哪些？

回答

（1）A. 作者＝秦鸿 B. 题名＝MOOCs 的兴起及图书馆的角色 C. 来源期刊＝中国图书馆学报 D. 时间＝2014 年

（2）期刊论文

（3）第 2 期

（4）PDF 格式、CAJ 格式

2. CNKI 指数检索是基于中国知网的海量权威文献资源，用于统计研究趋势、进行文献分析和评价的一种检索方式。其中的"指数"包括哪些指数，请至少准确说出 3 个。

关注度、关注文献、学科分布、研究进展、机构分布

分析题（共 1 题，每题 30 分，共 30 分）

2018 年 9 月 3 日，习近平主席出席中非合作论坛北京峰会开幕式并发表主旨讲话，强调中非要携起手来，共同打造责任共担、合作共赢、幸福共享、文化共兴、安全共筑、和谐共生的中非命运共同体。2019 年恰逢"一带一路"倡议提出 5 周年。中非合作论坛北京峰会的召开将谱写"一带一路"对接非洲发展的新乐章，促进中非在更高水平上实现合作共赢、共同发展，推动"一带一路"与中非命运共同体建设不断走深走实。请利用图书馆数据库或其他权威信息来源，围绕"一带一路"与非洲之间的关系，对研究重点和主要观点进行综述和评论。请列出检索源、检索词、检索策略、6 篇及以上参考文献（最少含一篇英文文献），请注意参考文献的规范格式。

本题查询"一带一路"与非洲之间的关系，研究重点和主要观点，需要查询报刊论文全文数据库和博硕论文数据库。

（1）检索源：中文数据库：中国知网 CNKI、万方、维普、人大报刊复印资料等。外文数据库：EBSCO、Elsevier Sciencedirect、ProQuest、PQDT 等

（2）检索词：一带一路、非洲、OBOR、One Belt And One Road、The Belt and Road、One Belt One Road

（3）检索策略：略

（4）综述和评论：略

（5）参考文献：略

附录二 北京地区高校信息素质能力指标体系

维度一

具备信息素质的学生能够了解信息以及信息素质能力在现代社会中的作用、价值与力量。

指标：

具备信息素质的学生具有强烈的信息意识。

指标描述：

了解信息的基本知识；

了解信息在学习、科研、工作、生活各方面产生的重要作用；

认识到寻求信息是解决问题的重要途径之一。

具备信息素质的学生了解信息素质的内涵。

指标描述：

了解信息素质是一种综合能力（信息素质是个体知道何时需要信息，并能够有效地获取、评价、利用信息的综合能力）；

了解这种能力是开展学术研究必备的基础能力；

了解这种能力是成为终身学习者必备的能力。

维度二

具备信息素质的学生能够确定所需信息的性质与范围。

指标：

具备信息素质的学生能够识别不同的信息源并了解其特点。

指标描述：

了解信息是如何生产、组织与传递的；

认识不同类型的信息源（例如，图书、期刊、数据库、视听资料等），了解它们各自的特点；

认识不同层次的信息源（例如，零次、一次、二次和三次信息），了解它们各自的特点；

认识到内容雷同的信息可以在不同的信息源中出现（例如，许多会议论文同时发表在学术期刊上）；

熟悉所在学科领域的主要信息源；

具备信息素质的学生能够明确地表达信息需求。

指标描述：

分析信息需求，确定所需信息的学科范围、时间跨度等；

在使用信息源的过程中增强对所需求信息的深入了解程度；

通过与教师、图书馆员、合作者等人的讨论，进一步认识和了解信息的需求；

用明确的语言表达信息需求，并能够归纳描述信息需求的关键词；

具备信息素质的学生能够考虑到影响信息获取的因素。

指标描述：

确定所需信息的可获得性与所需要的费用（例如，有的信息是保密的，无法获取；有的信息需要支付馆际互借的费用）；

确定搜集所需要的信息需要付出的时间与精力；

确定搜集所需要的信息和理解其内容是否需要应用新的语种和技能（例如，信息是以非中文/英文的语种表达信息内容的，要了解其内容，则需要先学习一门新的语言；或是理解信息内容需要应用到还未学过的学科知识）。

维度三

具备信息素质的学生能够有效地获取所需要的信息。

指标：

具备信息素质的学生能够了解多种信息检索系统，并使用最恰当的信息检索系统进行信息检索。

指标描述：

了解图书馆有哪些信息检索系统（例如，馆藏目录、电子期刊导航、跨库检索平台等），了解在每个信息检索系统中能够检索到哪些类型的信息（例如，检索到的信息是全文、文摘还是题录）；

了解图书馆信息检索系统中常见的各种检索途径，并且能读懂信息检索系统显示的信息记录格式；

理解索书号的含义，了解图书馆文献的排架是按照索书号顺序排列的；

了解检索词中受控词（表）的基本知识与使用方法；

能够在信息检索系统中找到"帮助"信息，并能有效地利用"帮助"；

能够使用网络搜索引擎，掌握网络搜索引擎常用的检索技巧；

了解网络搜索引擎的检索与图书馆提供的信息检索系统检索的共同点与差异；

能够根据需求（查全或是查准）评价检索结果，确定检索是否要扩展到其他信息检索系统中。

具备信息素质的学生能够组织与实施有效的检索策略。

指标描述：

正确选择检索途径，确定检索标识（例如，索书号、作者等）；

综合应用自然语言、受控语言及其词表，确定检索词（例如，主题词、关键词、同义词和相关术语）；

选择适合的用户检索界面（例如，数据库的基本检索、高级检索、专业检索等）；

正确使用所选择的信息检索系统提供的检索功能（例如，布尔算符、截词符等）；

能够根据需求（查全或是查准）评价检索结果、检索策略，确定是否需要修改检索策略；

具备信息素质的学生能够根据需要利用恰当的信息服务获取信息。

指标描述：

了解图书馆能够提供的信息服务内容；

能够利用图书馆的馆际互借、查新服务、虚拟咨询台、个性化服务（例如，MyLibrary）等；

能够了解与利用其他信息服务机构（例如，CALIS）提供的信息服务。

具备信息素质的学生能够关注常用的信息源与信息检索系统的变化。

指标描述：

能够使用各种新知通报服务（alert/current awareness services）；

能够订阅电子邮件服务和加入网络讨论组；

习惯性关注常用的印刷型/电子型信息源。

维度四

具备信息素质的学生能够正确地评价信息及其信息源，并且把所选择的信息融入自身的知识体系中，重构新的知识体系。

指标：

具备信息素质的学生能够应用评价标准评价信息及其信息源。

指标描述：

分析比较来自多个信息源的信息，评价其可信性、有效性、准确性、权威性、时效性；

辨认信息中存在的偏见、欺诈与操纵；

认识到信息中会隐含不同价值观与政治信仰（例如，不同价值观的作者对同一事件会有不同的描述）。

具备信息素质的学生能够将所选择的信息融入自身的知识体系中，重构新的知识体系。

指标描述：

能够从所搜集的信息中提取、概括主要观点与思想；

通过与教师、专家、合作者、图书馆员的讨论来充分理解与解释检索到的信息；

比较同一主题所检索到的不同观点，确定接受与否；

综合主要观点形成新的概念；

应用、借鉴、参考他人的工作成果，形成自己的知识、观点或方法。

维度五

具备信息素质的学生能够有效地管理、组织与交流信息。

指标：

具备信息素质的学生能够有效地管理、组织信息。

指标描述：

能够认识参考文献中对不同信息源的描述规律；

能够按照要求的格式（例如，文后参考文献著录规则等），正确书写参考文献与脚注；

能够采用不同的方法保存信息（例如，打印、存档、发送到个人电子信箱等）；

能够利用某种信息管理方法管理所需信息，并能利用某种电子信息管理系统（例如，Refworks）。

具备信息素质的学生能够有效地与他人交流信息。

指标描述：

选择最能支持交流目的的媒介、形式(例如,学术报告、小组讨论等),选择最适合的交流对象;

能够利用多种信息技术手段和信息技术产品进行信息交流(例如,使用PowerPoint 软件创建幻灯片、为研究项目建立网站、利用各种网络论坛等);

采用适合于交流对象的风格清楚地进行交流(例如,了解学术报告幻灯片的制作要点,了解如何撰写和发表印刷版或网络版的学术论文);

能够清楚地、有条理地进行口头表述与交流。

维度六

具备信息素质的学生作为个人或群体的一员能够有效地利用信息来完成一项具体的任务。

指标:

具备信息素质的学生能够制订一个独立或与他人合作完成具体任务的计划;

具备信息素质的学生能够确定完成任务所需要的信息;

具备信息素质的学生能够通过讨论、交流等方式,将获得的信息应用到解决任务的过程中;

具备信息素质的学生能够提供某种形式的信息产品(例如,综述报告、学术论文、项目申请、项目汇报等)。

维度七

具备信息素质的学生了解与信息检索、利用相关的法律、伦理和社会经济问题,能够合理、合法地检索和利用信息。

指标:

具备信息素质的学生了解与信息相关的伦理、法律和社会经济问题。

指标描述:

了解在电子信息环境下存在的隐私与安全问题;

能够分辨网络信息的无偿服务与有偿服务;

了解言论自由的限度;

了解知识产权与版权的基本知识。

具备信息素质的学生能够遵循在获得、存储、交流、利用信息过程中的法律和道德规范。

指标描述：

尊重他人使用信息源的权利，不损害信息源（例如，保持所借阅图书的整洁）；

了解图书馆的各种电子资源的合法使用范围，不恶意下载与非法使用；

尊重他人的学术成果，不剽窃；在学术研究与交流时，能够正确引用他人的思想与成果（例如，正确书写文后参考文献）；

合法使用有版权的文献。

附录三　对外经济贸易大学数据库一览表

NoteExpress 参考文献管理与检索系统

CSSCI 中文社科引文索引数据库

CNKI 同方知网数据库

万方数字资源系统

中国人民大学"复印报刊资料"全文数据库

维普中文科技期刊数据库

RESSET(锐思)金融研究数据库

Wind 资讯金融终端

国泰安 CSMAR 金融经济数据库

中国微观经济数据查询系统(原中国工业企业数据查询系统)

EPS 全球统计数据/分析平台

中经专网数据库

中经网统计数据库

中国宏观经济信息网

中华数字书苑电子报纸库

3E 英语多媒体资源库

银符考试模拟题库应用系统 V12.01

KUKE 数字音乐图书馆

博看人文期刊数据库

超星移动数字图书馆

中国权威经济论文库

道琼斯全球资讯数据库

经济学教研资源系统

中国财经教育资源共享平台开通使用

全球大学生创新创业与就业数据库

雅乐校园影院

爱迪科森网上报告厅视频数据库

中外文核心期刊查询系统

InCites—Benchmarking 科研绩效和学科分析平台

SSCI-Social Sciences Citation Index——社会科学引文索引

Essential Science Indicators 基本科学指标数据库

WRDS 沃顿研究数据平台

Project MUSE 期刊数据库

ProQuest 博硕士论文全文库

ProQuest ABI/INFORM 经济管理期刊全文数据库

ProQuest Research Library(PRL,学术期刊全文数据库）

ProQuest Literature Online(LION)英语文学在线

ProQuest Statistical Insight 统计大全数据库

EBSCO BSC 商管财经全文数据库

EBSCOEconLit with Full Text 经济学数据库

EBSCO Humanities International Complete 人文学数据库

EBSCO MLA International Bibliography with Full Text 现代英美文学及语言学全文期刊数据库

EBSCO Student Research Center 数据库

EBSCO 大众传播暨应用外语全文数据库

EBSCO Points of View Reference Center

JSTOR 西文过刊数据库

Spinger 电子期刊数据库

Wiley 电子期刊全文数据库

中国知网中国期刊全文数据库

塔塔统计数据库

台湾月旦知识库

Lexis Advance 数据库

国泰安 CSMAR 金融经济数据库

中经网产业数据库、世界经济数据库、"一带一路"统计数据库

RESSET 量化因子、FF 因子数据库

Statista 全球经济数据库

中国微观经济数据查询系统（原中国工业企业数据查询系统）

中国基本古籍库

SAGE 人文社科期刊数据库

SDC Platinum 数据库——全球并购数据库

Emerald 全文期刊数据库

Elsevier 数据库（ScienceDirect）

国际货币基金组织 IMF 在线图书馆

经济合作发展组织 OECD 数据库

世界银行 WB 数据库

BVD——Osiris——全球上市公司分析库

BVD——EIUCountrydata——各国宏观经济指标宝典

BVD——Moody's AnalyticsBankFocus——全球银行与金融机构分析库

ACM（Association for Computing Machinery）数据库

AlManhal 阿拉伯语电子数据库

威科法律、国际商业仲裁、国际知识产权库

中国科技论文在线

SAGE 回溯期刊数据库

SAGE Journals Online 电子期刊全文库（人文社科）

全球新兴市场商业资讯数据库

大成老旧期刊全文数据库

Lexis China 律商网

Westlaw Next 法律在线服务平台

DSC（争端解决评论数据库）

中国知网《中国法律知识资源总库》（CLKD）

HeinOnline 法律全文数据库

威科法律期刊数据库 Kluwer Law Online Journals

威科国际商事仲裁在线 Kluwer Arbitration

北大法意教育频道

北大法宝法律数据库

法律门法律数据库

法律门电子图书馆

参 考 文 献

[1] 刘大椿等.人文社会科学研究成果评价体系研究.北京：经济科学出版社,2009

[2] 信息检索利用技术编写组编著.信息检索利用技术(第二版).成都：四川大学出版社,2008

[3] 沈固朝.信息检索(多媒体)教程.北京：高等教育出版社,2002

[4] 张厚生主编.信息检索.南京：东南大学出版社,2006

[5] 燕今伟,刘霞主编.信息素质教程.武汉：武汉大学出版社,2008

[6] 李谋信编著.信息资源检索.第2版.北京：机械工业出版社,2010

[7] 王知津,李明珍.十年来我国信息检索研究述评.现代图书情报技术,2004

[8] 柯平主编.信息素养和信息检索概论.天津：南开大学出版社,2005

[9] 黄如花.网络信息的检索与利用.武汉：武汉大学出版社,2002

[10] 曹志梅,范亚芳,蒲筱哥编著.信息检索问题集萃与实用案例.北京：北京图书馆出版社,2008

[11] 马费成.信息管理学基础.武汉：武汉大学出版社,2002

[12] 花芳.文献检索与利用.北京：清华大学出版社,2009

[13] 毕恒达.教授为什么没有告诉我 论文写作枕边书.北京：法律出版社,2007

[14] 蔡今中.如何撰写与发表社会科学论文：国际刊物指南.北京：北京大学出版社,2010

[15] (美)D.罗德里格斯(Dawn Rodrigues).怎样利用 Internet 写论文.姜婷婷,马宇宁译.沈阳：辽宁科学技术出版社,2004

[16] 闫瑜主编.大学生信息检索与论文写作.哈尔滨：哈尔滨工程大学出版社,2010.07

[17] 赵国璋等编著.社会科学文献检索.北京：北京大学出版社,2004.10

[18] RAEL DORNFEST PAUL BAUSCH & TARA CALISHAIN. GOOGLE HACKS 探索和利用全球信息资源的技巧和工具(第三版).邢艳茹,徐罡译.北京：电子工业出版社,2007.06

[19] 不列颠百科全书：http://www.britannica.com/bps/failedlogin

[20] 万跃华的博客：http://www.sciencenet.cn/u/wanyuehua/

[21] 思维导图大学：http://www.21mindmap.com/mindmanager-113.html

[22] 北京大学图书馆主页：http://www.lib.pku.edu.cn

[23] 《中图法》网站：http://clc.nlc.gov.cn/ztfxxdt.jsp

[24] 云南大学信息检索课：http://xxjs.col.ynu.edu.cn/kcms/index.html

[25] 心智图新浪博客：http://blog.sina.com.cn/mindmapping

[26] CSSCI 学术论文网：http://www.csscipaper.com/

[27] 栖息谷管理论坛：http://bbs.21manager.com/dispbbs-244890-1.html

[28] 上海财经大学图书馆：http://www.lib.shufe.edu.cn/shcd/index.html